SHG/02–2018
SHG/02A–2018
SHG/02B–2019
SHG/02C–2020
SHG/02D–2023

中国铁路上海局集团有限公司

高速铁路行车组织细则

2018 年 4 月 1 日起施行
2018 年 11 月 1 日第一次修改
2019 年 11 月 1 日第二次修改
2020 年 6 月 20 日第三次修改
2023 年 10 月 1 日第四次修改

2018 年·上海

图书在版编目(CIP)数据

中国铁路上海局集团有限公司高速铁路行车组织细则/上海铁路印刷有限公司主编. ——上海：上海科学技术文献出版社，2023

ISBN 978-7-5439-8889-7

Ⅰ. ① 中… Ⅱ. ① 上… Ⅲ. ① 高速铁路-铁路行车-行车组织-细则-中国 Ⅳ. ① U238-81

中国国家版本馆 CIP 数据核字(2023)第 135985 号

中国铁路上海局集团有限公司高速铁路行车组织细则

作　　者:上海铁路印刷有限公司
责任编辑:付婷婷
装帧设计:陆立荣

出版发行：上海科学技术文献出版社
地　　址：上海市长乐路 746 号
邮政编码：200040
经　　销：全国新华书店
印　　刷：上海铁路印刷有限公司
开　　本：889 × 1240　1/32
印　　张：6.25
字　　数：130 千字
版　　次：2023 年 10 月第 1 版
印　　次：2023 年 10 月第 1 次印刷
书　　号：ISBN 978-7-5439-8889-7
定　　价：30.00 元

中国铁路上海局集团有限公司文件

上铁师〔2018〕15号

中国铁路上海局集团有限公司关于印发《中国铁路上海局集团有限公司高速铁路行车组织细则》的通知

集团公司各单位，各所属合资铁路公司，各工程指挥部，电化局上海维管处，京沪高铁苏州、蚌埠维管段：

根据中国铁路总公司《铁路技术管理规程》(高速铁路部分)和《高速铁路行车组织细则编制规则》要求，现将《中国铁路上海局集团有限公司高速铁路行车组织细则》(技术规章编号:SHG/02-2018)予以公布(单行本另发)，自2018年4月1日起正式施行，请认真组织学习并贯彻执行。

中国铁路上海局集团有限公司

2018年1月11日

抄送：中国铁路总公司科技和信息化部、运输统筹监督局、调度部，各铁路局集团公司，各铁路办事处，集团公司机关各部门，上铁公安局，驻局军代处。

中国铁路上海局集团有限公司办公室　　2018年1月11日印发

中国铁路上海局集团有限公司文件

上铁师〔2018〕435 号

中国铁路上海局集团有限公司关于第一次修改《中国铁路上海局集团有限公司普速铁路行车组织规则》和《中国铁路上海局集团有限公司高速铁路行车组织细则》部分内容的通知

集团公司各单位，各所属合资铁路公司，各工程指挥部，电化局上海维管处，京沪高铁苏州、蚌埠维管段：

针对《中国铁路上海局集团有限公司普速铁路行车组织规则》和《中国铁路上海局集团有限公司高速铁路行车组织细则》实施以来存在的问题，结合运输组织、设备变化以及新线开通情况，经研究，决定对《中国铁路上海局集团有限公司普速铁路行车组织规则》和《中国铁路上海局集团有限公司高速铁路行车组织细则》部分内容进行修改(技术规章编号：SHG/01A-2018、SHG/02A-2018)。涉及青盐铁路、杭昌高铁的修改内容自运行试验时实施(具体日期另行通知)，其他修改内容自2018年11月1日实施。请各有关单位认真组织学习并遵照执行。

中国铁路上海局集团有限公司

2018年10月17日

抄送：中国铁路总公司科技和信息化部、运输统筹监督局、调度部，各铁路局集团公司，金温公司，庐铜公司，各铁路办事处，集团公司机关各部门，上铁公安局，驻局军代处。

中国铁路上海局集团有限公司办公室　2018年10月18日印发

中国铁路上海局集团有限公司文件

上铁科信〔2019〕375 号

中国铁路上海局集团有限公司关于第二次修改《中国铁路上海局集团有限公司普速铁路行车组织规则》和《中国铁路上海局集团有限公司高速铁路行车组织细则》部分内容的通知

集团公司各单位，各所属合资铁路公司，各工程指挥部，电化局上海维管处，京沪高铁苏州、蚌埠维管段：

针对《中国铁路上海局集团有限公司普速铁路行车组织规则》和《中国铁路上海局集团有限公司高速铁路行车组织细则》实施以来存在的问题，结合运输组织、设备变化以及新线开通情况，经研究，决定对《中国铁路上海局集团有限公司普速铁路行车组织规则》和《中国铁路上海局集团有限公司高速铁路行车组织细则》部分内容进行第二次修改(技术规章编号：SHG/01B-2019、SHG/02B-2019)。涉及郑阜高速、京港高速、徐盐客专、连镇客专(董淮段)的修改内容自运行试验时实施（具体日期另行通知），其他修改内容自2019年11月1日实施。请各有关单位认真组织学习并遵照执行。

中国铁路上海局集团有限公司

2019年10月12日

抄送：中国国家铁路集团有限公司科技和信息化部、运输统筹监督局、调度部，各铁路局集团公司，金温公司，庐铜公司，各铁路办事处，集团公司机关各部门，上铁公安局，东部战区军事运输投送调度中心。

中国铁路上海局集团有限公司办公室　2019年10月14日印发

中国铁路上海局集团有限公司文件

上铁科信〔2020〕147 号

中国铁路上海局集团有限公司关于第三次修改《中国铁路上海局集团有限公司普速铁路行车组织规则》和《中国铁路上海局集团有限公司高速铁路行车组织细则》部分内容的通知

集团公司各单位，各所属合资铁路公司，各工程指挥部，电化局上海维管处，京沪高铁苏州、蚌埠维管段：

根据集团公司“敬畏规章、执行标准、夯实基础”专项教育活动要求，针对《中国铁路上海局集团有限公司普速铁路行车组织规则》和《中国铁路上海局集团有限公司高速铁路行车组织细则》实施以来存在的问题，结合运输组织、设备变化以及满足合杭高铁、通沪铁路开通运营需要，经研究，决定对《中国铁路上海局集团有限公司普速铁路行车组织规则》和《中国铁路上海局集团有限公司高速铁路行车组织细则》部分内容进行第三次修改（技术规章编号：SHG/01C-2020、SHG/02C-

2020）。涉及合杭高铁、通沪铁路的修改内容自运行试验开始时实施（具体日期另行通知），其他修改内容自 2020 年 6 月 20 日实施。请各有关单位认真组织学习并遵照执行。

中国铁路上海局集团有限公司

2020 年 5 月 27 日

抄送：国铁集团科信部、运输部、调度中心，各铁路局集团公司，金温公司，各铁路办事处，集团公司机关各部门，上铁公安局，东部战区军事运输投送调度中心。

中国铁路上海局集团有限公司办公室　　2020 年 5 月 27 日印发

中国铁路上海局集团有限公司文件

上铁科信〔2023〕176号

中国铁路上海局集团有限公司关于第四次修改《中国铁路上海局集团有限公司高速铁路行车组织细则》部分内容的通知

集团公司各单位，各工程指挥部，电化局上海维管处，电化局徐州、合肥、南京、杭州维管段，京沪高铁维管公司苏州、蚌埠维管段：

结合运输组织、设备变化以及新线开通等情况，集团公司组织对《中国铁路上海局集团有限公司高速铁路行车组织细则》部分内容进行第四次修改（技术规章编号：SHG/02D-2023），经国铁集团审核同意，现予以公布，请各有关单位认真组织学习并遵照执行。

本次修订内容自2023年10月1日起施行，由集团公司科信部负责组织有关部门进行解释。原《中国铁路上海局集团有限公司关于印发〈中国铁路上海局集团有限公司连镇客专淮镇段行车组织办法〉的通知》（上铁科信〔2020〕323号）、《中国铁路上海局集团有限公司关于印发〈中国铁路上海局集团有限公司盐通高铁行车组织办法〉的通知》（上铁科信〔2020〕340号）、《中国铁路上海局集团有限公司关于印发〈中国铁路上海局集团有限公司徐连高铁行车组织办法〉的通知》(上铁科信〔2021〕5号)、《中国铁路上海局集团有限公司关于印发〈中国铁路上海局集团有限公司杭台高铁绍台段行车组织办法〉的通知》(上铁科信〔2021〕286号)、《中国铁路上海局集团有限公司关于印发〈中国铁路上海局集团有限公司京港高铁合黄段行车组织办法〉的通知》(上铁科信〔2021〕287号)、《中国铁路上海局集团有限公司关于印发〈中国铁路上海局集团有限公司合杭高铁湖杭段行车组织办法〉的通知》(上铁科信〔2022〕123号)、《中国铁路上海局集团有限公司关于第一次修改〈中国铁路上海局集团有限公司合杭高铁湖杭段行车组织办法〉部分内容的通知》(上铁科信〔2022〕140号)、《中国铁路上海局集团有限公司转发国铁集团关于印发〈动车组列车关闭车门作业联系用语规定〉的通知》(上铁运〔2020〕214号)、《中国铁路上海局集团有限公司关于公布〈中国铁路上海局集团有限公司动车组列车临时变更办理客运业务固定股道及晚点时信息流转规定〉的通知》(上铁客〔2021〕125号)同时废止。

中国铁路上海局集团有限公司

2023年8月24日

抄送：国铁集团科信部、运输部、调度中心，各铁路局集团公司，各国铁监管铁路公司，各国铁控股铁路公司，金温铁道公司，各铁路办事处，集团公司机关各部门，上铁公安局，东部战区军事运输投送调度中心。

中国铁路上海局集团有限公司办公室　　2023年8月25日印发

目　　录

总　　则

第一章　技术设备

第二章　行车组织基本要求

第三章　编组列车

第四章　调度指挥

第五章　行车闭塞

第六章　接发列车

第七章　列车运行

第八章　限速管理

第九章　调车工作

第十章　施工维修

第十一章　恶劣天气行车

第十二章　设备故障行车

第十三章　非正常行车组织

第十四章　信号显示

第十五章　附　则

重点用语说明

附　件

附　表

总　　则

为加强中国铁路上海局集团有限公司(以下简称集团公司)铁路技术管理,根据《铁路技术管理规程(高速铁路部分)》(以下简称《技规》)和《高速铁路行车组织细则编制规则》规定,结合集团公司高速铁路具体条件和运输生产实际,制定本细则。

本细则适用于集团公司管内200km/h及以上的铁路和200km/h以下仅运行动车组列车的铁路。委托集团公司运营管理的合资铁路公司应执行本细则。其他合资铁路公司、地方铁路可比照执行。

相关设备技术管理要求以及设备维修管理等有关规定,除本细则有明确规定外,按照《行规》规定执行。

本细则是集团公司基本规章,也是集团公司贯彻落实《技规》,加强高速铁路技术管理的基本规则。集团公司管内高速铁路的行车工作,除应认真执行《技规》及国铁集团颁布的有关技术规章制度文件外,均应按照本细则执行。

集团公司各相关部门须根据本细则的规定,补充完善相应专业技术规章。任何部门、任何单位、任何人员均不得违反本细则的规定。

第一章　技术设备

第1条　提供行车设备技术资料的规定（《技规》第4、223条）

1. 提供技术资料的时限及交接要求。

因新建、改建工程等发生行车设备变化时，施工单位应在设备开通前30天向设备管理单位、使用单位、集团公司业务部门提供相关技术资料。设备管理单位对施工单位提供的技术资料应及时审核，在开通后15天内，将经过审核、修改的技术资料提供给使用单位。

对新建、改建工程，需要联调联试时，施工单位应正确及时编制有关LKJ基础数据，在联调联试前45天，经设备管理单位和集团公司业务部门审查后，报集团公司科信部公布。

交接的技术资料须加盖单位公章，送达使用单位应办理签字交接，并抄送有关站段和集团公司相关部门。技术资料发生变化时，应及时书面通知。

2. 设备管理单位提供的技术资料。

(1)工务部门。

车站平、纵断面图(含路产及代维修非路产岔线)。

车站线路平面图中应包括车站中心里程，各股道编号、线路有效长，线间距离，站界标中心里程，道岔编号，道岔辙叉号，道岔侧向过岔速度，路产与非路产岔线、段管线分界点、曲线半径等。其中，道岔辙叉号、侧向过岔速度和曲线半径可采用表格形式提供。

车站纵断面图应包括站内正线、站线、岔线，有效长范围内标有起止点的实际逐段坡度，驼峰纵断坡度。

股道表、道岔表（含路产及代维修非路产岔线）。

进站信号机外最大制动距离内实际逐段坡度和曲线数据。

站线、岔线、段管线限制速度，限制机车类型及其地点资料。

工务设备建筑限界，对侵限设备应注明具体侵限部位及侵限数据。

(2)电务部门。

信号设备平面布置图（含信号机中心里程）、联锁图表、特殊信号显示说明、特殊联锁关系、闭塞设备的类型、控制设备盘面图、设备基本性能和使用方法。

CTC/TDCS、STP 设备基本性能和使用方法。CTCS-2/3 级区段，设有列控信息的股道和进路。

与行车有关的通信、信号设备的技术资料和使用方法。

电务通信、信号设备建筑限界，对侵限设备应注明具体侵限部位及侵限数据。

(3)供电部门。

区间和股道接触网最低高度、供电分段示意图，分相、分段绝缘器、接触网终点标、电力机车禁停标位置及隔离开关使用说明书。线路挂网范围（含线路部分挂网时的挂网长度）。

照明灯桥、灯塔等设备的数量、位置、能力（容量），供电来源与方式。

供电设备建筑限界，对侵限设备应注明具体侵限部位及侵限数据。

(4)房建部门。

候车室、仓库、行车房舍使用面积，站台、天桥、风雨棚的长度、宽度和高度。

房建设备建筑限界，对侵限设备应注明具体侵限部位及侵限数据。

水塔、水栓等设备的数量、位置。

(5)信息部门。

车站与行车有关的信息系统设备技术文档及其使用维护手册。

(6)机务部门。

站内机车整备设备规模、整备地点及供应能力。

(7)车辆部门。

固定脱轨器设置地点,距离出站(发车进路)信号机距离。

换长 1.6 及以上的四轴货车车辆类型及其二、三轴间的距离。

吸污设备、站内试风装置、地面电源的数量、位置(非车辆部门管理的,由实际管理部门提供)。

车辆地面固定设备的具体侵限部位及侵限数据。

(8)货运部门。

超偏载检测装置及轨道衡设置情况；装卸机械设备情况,各种装卸机械设备的设置地点,起重能力等。

货运量(发送吨、装车数、卸车数)等货运技术指标完成情况。

货运设备设施、安装在线路两侧或上空侵入限界的装卸机具限界尺寸、货位及装卸作业能力、尽头式站台设置的车钩缓冲装置等。

经过轨道衡、特殊线路(如油库线、危险品仓库线、洗刷线等)作业要求及限制条件。

货场内线路用途分工。

办理鲜活货物运输作业和货车洗刷消毒作业的项目、作业地点、设施及其作业条件。固定防护信号牌(灯)的安设位置。

危险品货物装卸、保管的办法和安全防范措施。

3. 行车设备发生变化时,设备管理单位应及时将变化的技术资料分送有关单位。

第2条 主要行车设备技术资料公布的补充规定(《技规》第223条)

1. 主要行车设备技术资料公布的基本要求。

LKJ基础数据、列控基础数据、运行图技术资料等按规定公布,其他行车设备技术资料由集团公司主管业务部门负责公布。

2. 行车设备技术资料名称及责任部门见下表。

序号	技术资料名称	责任部门
1	特殊地段因条件限制需设于右侧的信号机	电务部
2	特殊情况设置的矮型信号机	电务部
3	机车信号人工转换地点	电务部
4	中继站设置地点	电务部
5	通信GSM-R/450M转换地点表	电务部
6	C2区段及C0/C2、C2/C3级间转换地点	电务部
7	救援列车的列车基本编组表和救援管辖范围表	机务部
8	电力机车禁停标设置地点	供电部
9	救援队设置地点	运输部
10	区间、站内最小线间距	工务部
11	制动距离内进站方向超过6‰下坡道的地点	电务部
12	高速铁路无线闭塞中心(RBC)设置及管辖范围(包含ID号、电话号码等)	电务部
13	多线并行特殊地段(线路)	工务部
14	多线并行特殊地段(接触网)	供电部
15	其他有必要公布的技术资料	各主管业务部

第3条　行车设备管理界面的规定

1. 行车设备的管理界面应按照有利于安全生产，有利于施工维护，有利于专业管理的原则进行分工。

2. 行车设备的管理界面分工明确后，相关部门、单位须完善相应规章制度。各部门、单位在制定行车设备使用管理办法时，必须对管理界面进行明确。

3. 具体各专业设备管理分工，除本细则有明确规定外，按照《行规》附件9规定执行。

第4条　《技规》要求集团公司批准（确定、同意）事项的规定（《技规》第36、52、66、67、80、150、182、195条）

1. 需集团公司批准、确定或同意的事项表。

序号	需集团公司批准（确定、同意）的事项	牵头部门	相关部门	备注
1	在铁路线路安全保护区内修建各种建（构）筑物等设施，取土、挖砂、挖沟、采空作业或者堆放、悬挂物品	工务部	安监室、运输部、土房部、电务部、供电部等	
2	站内、区间线路平面及纵断面变动	工务部	运输部、机务部、电务部、供电部等	
3	铁路道口、人行过道的等级、标准、铺设、拆除及是否看守	工务部	安监室、运输部、电务部等	
4	站内铺设及拆除道岔、线路。	科信部	工务部、运输部、供电部、电务部等	
5	各种建（构）筑物、电线路、管道及渡槽跨越铁路，横穿路基，或在桥梁上下、涵洞内通过铁路	科信部	供电部、工务部、电务部等	
6	特殊情况需设矮型信号机	科信部	运输部、机务部、电务部等	
7	特殊地段因条件限制，列车信号机需设于列车运行方向右侧	科信部	电务部、运输部、机务部等	
8	特殊情况调车信号机设于运行方向右侧	电务部	机务部、运输部等	

续上表

序号	需集团公司批准(确定、同意)的事项	牵头部门	相关部门	备注
9	信号设备联锁关系的临时变更或停止使用	电务部	运输部、科信部等	
10	区间通信柱(通话柱)的设置	电务部	工务部、供电部	
11	机车乘务制度的确定	机务部	运输部、土房部	
12	特殊情况需调整轨面标准线	供电部	工务部	
13	需要改变房建设备使用环境和用途	土房部	相关部门、铁路公安局等	
14	新建改建铁路专用线接轨工程，新建改建公路、城市道路、轨道交通与铁路交叉工程，新建改建各类市政管线上跨铁路工程，航道和河道新建改建工程	科信部	安监室、工务部、电务部、供电部等	
15	道口(含平改立)工程、各类市政管线下穿铁路工程、邻近营业线的深基坑工程、爆破工程、航道和河道疏浚工程	工务部	安监室、科信部、电务部、供电部等	
16	在铁路保护区内设置地方相关通讯设备	电务部	工务部	

2. 批准的方式。

所有需集团公司批准(确定、同意)的事项,由牵头部门负责,以正式文件予以批复。

第5条 技术设备定期全面检查和专项检查的补充规定(《技规》第21、22条)

1. 全面检查办法。

(1)集团公司以董事长、总经理为主任委员,有关部门和单位负责人为委员,组成委员会,每年春秋两季进行全面检查。

(2)车站以站长或负责人为主任委员,工务、电务等有关专业负责人为委员,组成委员会,对车站(含段管线)内的线路、道岔、通信、信号、供电、信息系统等行车设备每季度联合检查一次。

2. 专项检查办法。

(1)对高速铁路的线路平面、纵断面应每五年至少检查一次,由工务检测所负责。

(2)对设备的建筑限界由集团公司业务部门组织有关单位每五年至少检查一次,并由工务、电务、供电、建筑等单位每年复测一次。

(3)因运输特殊要求和《技规》以及本细则规定,需对车站行车设备进行联合检查时,由车务段、直属站负责组织设备管理单位(部门)进行设备联合检查,检查的结果应记录于《行车设备检查登记簿》内,对发现的问题由相关单位、部门落实解决。

(4)集团公司主管业务部门根据运输生产需要,结合设备特性和管理要求,组织对相关技术设备进行专项检查,并制定具体检查办法,明确检查周期。根据检查难度可委托具有相关资质的第三方单位完成专项检查和检测。

3. 固定行车设备检查结果处理的规定。

固定行车设备全面检查结果,记入专用《行车设备检查登记簿》内。专项检查中发现问题,设备管理单位要及时解决;对危及行车安全的,应立即采取措施,并记入《行车设备检查登记簿》内;当时不能解决的,要安排计划,限期完成,并进行复查;需要上级解决的,要按程序上报。

4. 其他规定。

(1)对桥梁、隧道应按《技规》第22条规定进行检定,由工务部门负责。桥梁、隧道结构如有变化时,应随时检定。

(2)工务、电务、供电、建筑等有关单位,每年应根据检查、鉴定情况和基建、大中修竣工文件以及其他原因引起的变化情况，及时修改技术图表和技术资料，并书面通知有关单位。

第6条 事故救援列车、救援队管理的补充规定(《技规》第23条)

1. 救援列车的列车基本编组表和救援管辖范围表应包括设置地点、编组顺序、限速要求、起重机朝向、型号、吨位和救援管辖区段范围等内容。救援列车应时刻处于整备完好的待发状态，必须保证在接到调度命令30min内具备出动条件。

2. 对集团公司公布的设置救援队的车站，由车站牵头组建不脱产的事故救援队，救援队由站区内相关车站、货运、工务、电务、供电、车辆、机务等单位人员组成，人员不少于20人，配齐性能良好的简易起复设备、工具和备品，接到事故救援的通知后要迅速出动。日常管理工作由所在车务站段负责，集团公司运输部负责检查指导。

3. 机务、车辆、工务、电务、供电等单位要组建不脱产的专业应急救援队，分管安全副段长任队长，设副队长1~2名，人数不少于20人，日常管理工作由所在单位负责，集团公司主管业务部门负责检查指导。

4. 高速铁路需要出动铁路救援列车进行事故救援时，调度所在发布救援列车出动命令时，应通知相关机务段机车调度员安排内燃机车担当救援列车的牵引任务。原则上安排二台机车分别连挂于救援列车的两端，无折角运行、无转线作业及其他特殊情况时，可安排一台机车连挂救援列车。仅一端挂有机车时，开车前的简略试验由车站负责；两端均挂有机车时，开车前的简略试验由机车乘务员负责。

第7条 道岔紧固的规定(《技规》第49条)

1. 遇下列情况应对道岔进行紧固：

(1)现场准备进路，手摇道岔听不到“咔嚓”声(包括2个及以上转辙机有任一个不能摇到位)时。

(2)辙叉号为18号及以上的道岔无表示时，需现场人工准备进路。

(3)车站、线路所道岔长期仅开通一个方向使用时(另一方向衔接的线路未开通)。

(4)按《技规》要求，因施工防护需要时。

2. 道岔紧固位置按本细则第75条规定执行。

第8条 电动转辙机钥匙、手摇把保管使用的规定(《技规》第49条)

1. 电动转辙机钥匙、手摇把由电务部门配备，车站集中保管，按规定存放在手摇把箱内。手摇把由电务统一编号，手摇把箱由车站加锁、电务加封。

2. 使用手摇把前，使用单位应在《行车设备检查登记簿》内登记申请，经车站值班员(车务应急值守人员)签认后方可领取。

3. 手摇把使用完毕后，使用单位应及时归还、销记。车站、电务共同确认手摇把数量、编号正确后，由车站加锁、电务加封。

第9条 配备GSM-R手持终端和无线对讲设备的补充规定(《技规》第119、217、218条)

1. 配备GSM-R手持终端和无线对讲设备的岗位。

准许车务应急值守人员、车站值班员、应急行车人员、车站客运值班员和巡守人员配置无线对讲设备，在GSM-R区段还应配备GSM-R手持终端。

2. GSM-R手持终端和无线对讲设备的使用管理要求。

GSM-R 手持终端和无线对讲设备业务主管部门为集团公司电务部，具体配置标准、管理、运用、维修等由电务部门另行规定。

在 GSM-R 区段，列车长、随车机械师（车辆乘务员）、车站客运人员等按国铁集团、集团公司相关规定使用 GSM-R 手持终端和无线对讲设备。

使用 GSM-R 手持终端时，司机、车辆乘务员（随车机械师）、列车长和乘警应进行车次功能号注册；车站值班员等承担行车指挥职能的人员应进行身份功能号注册。

3. 其他补充规定。

高速铁路 GSM-R 覆盖区段内的车站，对已进入 GSM-R 覆盖区内的列车，车机联控以及作业联系时应使用 GSM-R 通信设备，避免相互通信干扰。车站（调度所）与机车乘务员联系程序及用语：

（1）车站（调度所）呼叫司机：车站值班员（列车调度员）在 FAS 前台上输入列车车次，点击“本务机司机”后点击“呼叫”按钮；司机接到车站（调度所）呼叫后，应答“××次司机”；得到司机应答后，车站值班员（列车调度员）按规定进行通话；司机按规定应答或复诵。

（2）司机呼叫车站（调度所）：司机在车载设备上选择呼叫车站（调度所）；车站（调度所）接到呼叫，车站值班员（列车调度员）在 FAS 屏上确认列车车次后，应答“××站（××调度台）”；司机按规定进行通话，车站值班员（列车调度员）按规定应答或复诵。

第 10 条 综合接地系统管理的规定（《技规》第 25、130 条）

1. 综合接地系统的管理主体及责任。

综合接地系统的贯通地线由电务部门负责管理与维护，综合接地系统内的各接地装置和引接线（含两端接头或端子）由各所属专业负责管理和维护，各专业需接入贯通地线时须经电务部门同意。电务部门对贯通地线的各接地端子、相关地线接入和敷设做好动态掌握。

2. 综合接地系统的联合工作制度。

综合接地系统的联合工作体由电务、工务、供电、房建、车辆、信息等部门组成。电务部门牵头组织各相关专业部门每半年对综合接地系统进行检测，检查贯通地线、等电位连接线和连接点的连接状态，测试接地电阻和钢轨电位。

3. 综合接地系统管理的基本要求。

(1)综合接地系统，由贯通地线、接地装置以及引接线、接地端子等构成。综合接地系统以沿线两侧敷设的贯通地线为主干，利用沿线桥梁、隧道、路基地段构筑物设施内的接地装置作为接地体，形成低阻等电位综合接地平台。

(2) 距接触网带电体5m以内的金属构件和需要接地的设施、设备以及距线路两侧20m范围以内的铁路设备房屋的接地装置应接入综合接地系统。

(3)路基地段信号电缆槽侧壁预制接地端子应与接触网支柱同坐标，由贯通地线引出的分支引接线与接触网支柱基础的连接，应在信号电缆槽外分别与接触网支柱基础接地端子和电缆槽侧壁预制接地端子尾端连接线相连接。

(4)独立避雷针和架空避雷线(网)的接地应设独立接地装置。接地装置与被保护建筑物或变、配电所接地网的地中距离不应小于3m；当有困难时，可与综合接地系统相连，但其地下连接点至建筑物内的电气、电子设备与接地网的地下连接点之间的地中长度不应小于15m。

4. 各专业接入综合接地系统的主要地线种类见下表。

序号	专业	地线种类
1	信号	沿线信号设备(所有相关金属设备外壳)的安全地线和屏蔽地线、工作地线。
2	通信	沿线漏泄电缆悬吊钢索、通信电缆金属外皮的屏蔽地线,通信设备接地,避雷器的安全接地。
3	供电	电力电缆的金属外皮屏蔽地,电力变压器中性点接地线及设备外壳接地线,接触网回流线接地。
4	车辆	红外线轴温探测站、复示站的接地。
5	房建	1. 站台上雨棚、天桥及房建金属构筑物安全接地。 2. 车站信号楼、行车室、区间中继站、直放站、基站等房屋的避雷接地和照明线路保护接地。
6	工务	1. 无砟轨道板、隧道内、桥墩内非预应力钢筋接地。 2. 沿线距接触网带电体 5m 范围内金属构件(如桥栏杆、声风屏障等)的防感应接地。
7	信息	沿线信息化系统设备的安全地线和屏蔽地线、工作地线。

第 11 条 行车相关信息系统管理的补充规定(《技规》第 134、135、137、139 条)

1. 行车直接相关信息系统(以下简称信息系统),包括运输调度管理系统(TDMS)、旅服系统、自然灾害及异物侵限监测系统、动车组运行故障动态图像检测系统(TEDS)等。

2. 信息系统运行维护界面管理中设备分界和数据交换管理特殊规定。

(1)设备分界管理。

设备管理单位应严格执行有关专业管理办法,并制定日常维护办法;未明确设备管理分界或在执行过程中对既有分界有异议的专业信息系统,由集团公司业务部门及时协调并完善相关办法。

(2)数据交换管理。

①数据共享要求：数据提供方应确保数据的完整性、准确性、及时性，数据交换双方应明确数据交换接口管理分界，制定故障处理细则、协调配合机制。

②数据接口故障处理：发生数据交换故障时双方应同时检查各自系统，处理故障并通报对方，双方应做好协调配合工作。数据提供方应及时补发缺失的数据，以确保数据使用方以及全路数据的完整性。

3. 信息系统施工管理及故障处置的特殊规定。

(1)施工管理。

已纳入集团公司营业线施工管理范围的信息系统设备施工、维护，按照集团公司营业线施工安全管理有关要求执行，设备管理单位应组织制定应急预案和替代作业方案。

(2)故障处置。

信息系统发生影响行车的故障，需要不同单位或部门维护人员协调处理时，各级维护人员应主动配合，排除故障。故障登销记办法按集团公司相关规定执行。

4. 信息系统网络安全管理的基本要求。

有关设备管理单位应采取必要措施防范对网络的攻击、入侵、干扰、破坏和非法使用以及意外事故，使网络处于稳定可靠运行的状态，以及保障网络存储、传输、处理信息的完整性、保密性、可用性的能力。应严格执行下列规定：

(1)信息系统软硬件纳入维保的，应落实维保责任主体，并与其签订维保协议。

(2)使用人员应按规定使用设备，不得擅自安装、移动和拆卸设备，不得安装、运行与业务无关的软件。严禁“一机两网”。严禁向无关人员泄露业务数据和信息。

(3)设备管理单位必须确保信息机房基础设备设施良好，

按铁路防雷接地技术规范要求，每半年对信息机房防雷及接地设备进行检测。

(4)信息部门定期组织开展信息系统安全等级保护测评。

(5)信息系统数据采集、产生的数据，须经集团公司主管业务部门、科信部共同审批同意后，方可提供数据共享。

(6)信息系统应部署企业级防病毒软件，对业务终端操作系统进行扫描检查；病毒库代码库应及时升级。

第12条 其他规定

1. 新技术和新设备开通使用的补充规定(《技规》第8条)。

(1)新技术、新设备(包括改造后的设备)投入使用前，施工单位和生产厂家必须向设备管理单位提供规范、完整的设备使用说明和有关安全生产要求等技术资料。

(2)采用新技术、新设备、新的作业方法时，应制定相应的技术规章。

(3)集团公司有关设备管理部门和设备管理单位必须按规定编制具体操作使用办法和相应的用、管、修办法。

(4)有关站段应按规定对相关管理、作业人员进行培训，并考试合格。

2. 高速铁路通信设备的补充规定（《技规》第112、490、491条）。

(1)高速铁路全线采用GSM-R数字移动通信系统，动车组(机车)以及自轮运转特种设备装备机车综合无线通信设备(CIR)。

(2)列车调度员和助理调度员台分别设置调度通信操作终端(简称调度台)；车站行车室设置车站值班员操作台(简称车站台)。

(3)调度指挥采用铁路数字移动通信系统(GSM-R)，与其他采用450MHz列车无线调度系统衔接处所，设有两种通信模式切换点。在通信切换点处设机车综合无线通信设备通信模式转换提示标志，提示标志牌由通信段负责设立和维修管理。

(4)通信系统具体操作使用办法由电务部门公布。

3. 新建桥、跨线建筑物净空的补充规定(《技规》第184条)。

新建桥、跨线建筑物上跨接触网锚段关节以外的区段，相对轨面的净空高度应考虑跨线建筑物的沉降量并根据具体工点不同条件计算确定，不得低于下表要求。

在接触网锚段关节转换跨和下锚跨处，新建桥、跨线建筑物相对轨面的最低净空应不低于8m。

序号	项　目	最低净空(mm)	备　注
1	跨客运专线正线建筑物	7500	困难时7000
2	跨客运专线联络线建筑物	7500	困难时7200
3	跨200km/h既有电化线路(通行双层集装箱)建筑物	7960	
4	跨200km/h既有电化线路（不通行双层集装箱)建筑物	7500	
5	跨既有120km/h及以下电化线路（通行双层集装箱)建筑物	7650	
6	跨既有120km/h及以下电化线路（不通行双层集装箱)建筑物	7350	

4. 轨道控制网(CPⅢ)管理的规定(《技规》第12条)。

(1)轨道控制网(CPⅢ)由工务部门负责管理；

(2)CPⅢ桩点应按照公里数递增统一编号，标记清晰；

(3)下行线的桩点标志编号为奇数，上行线的桩点标志编号为偶数，有长短链地段编号不应重复；

(4)工务部门应定期组织有资质的测绘单位对CPⅢ桩点进行复测,测量CPⅢ桩点高程、平面位置的变化情况;复测的内容、方法与各项精度应符合有关规定,复测结果应共享。

5. 高速铁路防护栅栏管理的补充规定(《技规》第53、54条)。

(1)高速铁路全线实现全封闭、全立交,非高架线路两侧按标准进行栅栏封闭。

(2)防护栅栏设备(含高速、普速场间隔离栅栏)管理和维护由工务部门负责,车站围墙由车站负责管理。

(3)"非铁路作业人员禁止进入"的警示标志,在区间由工务段、站内由车站设置,并由设置单位负责日常管理。

6. 通道门管理的补充规定(《技规》第55条)。

(1)高速铁路通道门应加锁,在外侧设置"非铁路作业人员禁止进入"警示标志及信息牌。设置的通道门由集团公司工务部门统一编号并公布。铁路工务、电务、车务、供电等部门因作业需要增设通道门时,按照"谁使用,谁申请,谁管理"的原则,由使用单位提出申请报集团公司工务部门批准,站区内还应经车务部门批准,并与栅栏设备管理单位和属地铁路公安部门办理书面手续后方可设置。

(2)通道门以关闭加锁为定位。作业过程中,通道门应保持锁闭状态,否则必须安排专人看守。各设备管理单位施工作业或遇设备故障、救援抢修等需进入通道门必须凭调度命令(另有特殊规定除外),作业负责人必须与驻站联络员联系确认(有看守人员的应办理相关手续)后,作业人员方准进入通道门。

无调度命令不得进入防护栅栏及通道门。作业人员进入通道门前应由作业负责人(或经作业负责人指定的人员)在通道门外登记上道人数、工机具和材料数量。作业结束后，作业负责人(或经作业负责人指定的人员)应核对人员、工机具和材料，确认完全撤出通道门并销记。通道门有看守人员时还应经看守人员确认。

(3)因施工作业需要临时拆除防护栅栏时，施工单位必须与防护栅栏设备管理单位签订安全协议，并经集团公司工务部门批准，报属地铁路公安派出所备案，在开口处悬挂警示标志，设置临时防护设施，并派专人昼夜看守。施工作业后，施工单位应按原标准恢复防护栅栏，并与有关单位办理验收交接手续。

栅栏和通道门的具体管理办法由设备管理部门另行公布。

7. 旅客疏散通道的补充规定(《技规》第42条)。

高速铁路高架地段按规定设置旅客疏散通道，通道口设置防护门，并按规定加锁，由工务部门负责维护。设有旅客疏散通道的特大桥及旅客疏散通道位置由集团公司工务部门另行公布。

8. 使用计算机联锁设备的补充规定(《技规》第60条)。

(1)计算机联锁车站(含调度所CTC终端)，使用上电解锁、事故、引导、引导总锁闭、区段解锁、总人解、坡道解锁、总辅助、接车辅助、发车辅助按钮时，应按规定办理登销记手续。

(2)发生事故以及计算机联锁设备故障时，有关单位应及时将计算机联锁设备记录的有关信息输出和保存。计算机联锁设备的使用单位需要输出有关信息时，由使用单位提出，维修单位提供。

9. 调度集中系统开通运行补充规定(《技规》第86条)。

(1)调度集中系统必须经有关部门、单位验收合格，并符合国铁集团、集团公司有关规定，实现安全性、可用性、实时性、可靠性后，方可投入运行。具体各行车调度区段开通运行的时间，由集团公司电务部门发文公布。

(2)调度集中系统开通运行前，电务单位(CTC 设备研发单位)要加强对设备维护和使用人员的专业培训，以确保维护、检修、使用人员的力量。设计、制造、施工单位需提供完整的产品使用说明书和操作手册、维护手册，并经设备管理单位确认。同时，必须强化对行车设备的维护和管理，以确保CTC 行车调度区段列车运行的安全。

(3)CTC 试运行前由集团公司建设单位或项目管理部门将试验项目报集团公司批准并报国铁集团核备。

10. 高速铁路中继站管理规定。

高速铁路在上下行线路靠近区间中继站控制的第一个有源应答器位置处设置中继站标志牌。该标志采用白底色、写有黑色“xx 号中继站”标记的反光长方形板，装设于邻近的接触网支柱上，由电务部门负责管理。

11. 道岔融雪装置使用、维修、管理的规定(《技规》第 82 条)。

道岔融雪装置由电务部门负责养护维修，车站根据降雪情况启动、关闭道岔融雪装置。遇室内控制终端故障不能使用时，由电务人员负责现场控制柜的操纵。

车站(线路所)列车进路上的道岔及其联动道岔应设置道岔融雪装置。衔接高铁的普速铁路车站(线路所)道岔根据需要设置道岔融雪装置。

12. 站台安全设备管理的补充规定(《技规》第 143 条)。

(1)站台安全标线为宽度 100mm 的白色实线。

(2)站台安全标线由车站会同房建部门根据站台长度等

实际情况确定，全站台贯通。

(3)站台安全标线由房建部门按照统一标准及时维修，车站配合。

(4)站台两端应按规定设置防护设施。

(5)车站要加强邻靠正线站台的客运管理，对安全标线不符合《技规》规定的，办理列车通过时，禁止在该站台面办理客运业务。

(6)站台两端应按规定设置防护设施，侧面可根据需要设置防护护栏。

车站站台两端防护栅栏(含台阶)以及站台侧面设置的防护护栏由房建单位负责设备维修管理。车站负责安全监管，发现问题应及时通知房建单位处理。

13. 站台限界管理的补充规定(《技规》第143条)。

(1)有客运站台的车站，房建、工务、车务部门要共同建立统一的站台限界台帐，每季核对一次。站台限界资料由房建部门提供给车务站段。

(2)房建部门和工务部门对客运站台每年进行不少于1次的联合检查，并做好检查记录。发现限界变化但仍能符合要求时，双方确认后修改站台限界台帐；发现限界不符合要求时，由房建部门和工务部门共同分析原因，若站台本身结构变形造成侵限，由房建部门及时整改；若线路设备施工造成侵限，由工务部门及时整改，影响行车安全时，工务部门须及时通知车站，并在《行车设备检查登记簿》上登记行车限制条件，同时采取有效措施，确保行车安全。

(3)工务部门对邻靠客运站台的线路进行起拨道等影响站台限界的作业时，应在施工前会同房建部门确认限界现状，制订施工过程中防止侵限的措施。施工完毕后，房建和工务部门人员须共同对站台限界进行测量、复核，做好记录。

(4)工务和房建部门应加强对邻靠正线站台限界的检测和监控，除执行上述规定外，须每月对邻靠正线高站台限界共同进行一次检测，及时做好线路的养护维修，使线路和站台限界始终保持良好状态，确保行车安全。

14. 长期仅开通一个方向使用的道岔管理规定。

车站、线路所的道岔长期仅开通一个方向使用时(含另一方向衔接的线路未开通)，由工务部门对该道岔尖轨和心轨进行紧固，电务部门确认道岔尖轨和心轨密贴状态，同时切断室内外相关转辙机控制电源，车务部门确认进路正确后加锁(集中联锁良好的道岔可在控制台上进行单独锁闭)。工务部门每周利用天窗时段进行一次检查。

第二章　行车组织基本要求

第 13 条　高速铁路开行货物列车的规定(《技规》第 202 条)

1. 高速铁路开行货物列车前，集团公司须组织各设备管理单位对相关行车设备是否满足货物列车开行条件进行确认。

2. 禁止在动车组(非载客除外)运行时段内开行货物列车(200km/h 客货共线铁路除外)。

3. 对区间未设通过信号机的区段,不准开行货物列车。

4. 货物列车不准安排单班单司机值乘。200km/h 客货共线铁路以外的高速铁路,货物列车原则上不应安排在集控站停车，遇特殊情况必须停留时，对在集控站停留超过 20min 时,由列车调度员通知车务应急值守人员配合司机进行列车自动制动机的简略试验工作。简略试验结束后,车务应急值守人员通知司机,司机确认行车凭证正确后直接开车。

5. 200km/h 客货共线铁路货物列车开车补充规定。

遇下列情况之一,货物列车具备发车条件,由车站出发时,司机应得到车站值班员的通知。司机接到车站值班员通知,并确认行车凭证正确后,方可起动列车。

(1)须安装列尾装置的货物列车。

(2)须由车站负责简略试验的货物列车。

(3)货物列车由车站始发时。

(4)货物列车调车作业完毕开车时。

(5)车站到发线办理装卸作业的快运货物列车开车时。

车站值班员通知司机:“××次司机,××(站)作业完毕”。司机应答“××次司机明白”。

军用列车开车遇上述(1)-(4)种情况时,比照货物列车办理。

6. 200km/h 客货共线铁路禁止载客动车组列车(不含动力集中动车组)与货物列车(仅指普速铁路《技规》第 233 条所规定的货物列车)、军用列车在区间交会。遇设备故障等原因,货物列车、军用列车在区间停车,必须交会时,由列车调度员口头通知动车组司机在会车范围内限速 160km/h 运行。

7. 禁止运行超长货物列车、单机挂车。

8. 专用铁路的列车和调车车列进入国铁接轨站时,必须接入接车线末端有隔开设备的线路。无法隔开时,在正线、到发线接发列车的同时, 禁止接入专用铁路的列车和调车车列。厂矿企业机车在车站调车作业时,应严格控制作业区域;车站接发列车时,与接发列车进路无隔开设备的线路禁止调车作业。

9. 货物列车在高速铁路运行时,其列车编组、货物装载加固、运行途中故障处置、应急救援(不含救援列车开行)等事项执行普速铁路规章相关规定。需对故障车辆现场检查处置时,申请邻线列车限速 160km/h 及以下,限速位置按上道走行地段(列车停车位置)前后各 1km 确定(站内检查处置时限速位置为车站进站信号机至反向进站信号机间里程); 作业需侵入邻线限界时,申请扣停邻线列车。列车调度员根据申请发布相关调度命令或扣停邻线列车;应急救援时,应视现场救援情况提出邻线列车运行限制条件,列车调度员根据申请发布相关调度命令。

10. 货物列车运行途中发生一般抱闸、严重抱闸区间停车作关门处理后恢复运行、机车前部头灯及标志灯均故障时,因前方站线路有效长容纳不下列车长度的,列车调度员可安排该列车继续运行至前方能容纳列车长度的第一个车站停车处理。

第14条 CTC控制模式、操作方式转换的补充规定(《技规》第206、294条)

1. CTC转入非常站控和转回分散自律控制模式的规定。

(1)分散自律控制模式转向非常站控模式不检查任何条件,但系统向列车调度员进行提示报警。非常站控模式转回分散自律控制模式系统检查以下条件:

①CTC系统设备正常。

②非常站控模式下没有正在执行的按钮操作。

在满足上述条件时,允许转回分散自律控制模式表示灯亮黄灯后,操作非常站控按钮,转回分散自律控制模式;否则操作无效。

(2)在分散自律控制模式下,车务应急值守人员接到或发现危及行车安全的情况时,应立即按下非常站控按钮转为非常站控,及时报告列车调度员。处理完毕,确认具备转回分散自律控制模式条件后,向列车调度员申请转回。

除上述情况外,车务应急值守人员转入非常站控和转回分散自律控制模式,按列车调度员指示办理。

(3)除因危及行车安全必须立即转换为非常站控外,列车调度员提出需转为非常站控时,须经调度所值班主任(副)准许(施工、维修计划规定转为非常站控时除外),在车站值班干部到岗后,方可转换;车站提出需转为非常站控时,须在车站值班干部到岗并同意后,方可向列车调度员提出转为非常站控的申请,列车调度员同意转换前须经调度所值班主任(副)准许。

2. CTC分散自律控制模式下操作方式转换的有关要求。

(1)中心操作方式车站遇调车作业时可转为车站调车操作方式,需在未设调车信号机的线路上调车以及办理动车组越出站界调车作业时可转为车站操作方式。

(2)集控站行车设备施工、维修作业时可转为车站调车操作方式或车站操作方式(施工、维修计划注明转非常站控的除外)。

(3)集控站遇道岔设备故障等需现场准备进路时可转为车站控制。

(4)集控站转为车站控制时,车务应急值守人员须与列车调度员核对设备状况、站内停留车情况、列车运行计划、邻站控制模式及与本站有关的调度命令等情况。

(5)集控站转为车站控制后,车站值班员应及时通知司机车站(线路所)已转为车站控制。

(6)在分散自律控制模式下转换操作方式时,须经调度所值班主任(副)同意后方可进行。

第15条 钟表的配置、校对、检查、修理及时钟校准办法(《技规》第210条)

1. 钟表的配备、校对、检查、修理。

(1)铁路行车房舍内和办理行车工作的有关人员均应备有钟表。配置的钟表校对、检查和修理由使用单位负责。

(2)使用单位应定期对钟表进行检查和更换电池,发现故障及时修理或更换,保证正常使用。

(3)车站(线路所)行车室、调度所配置的钟表时间,统一以北京时间为准,有关人员每周一进行一次时钟校对。

2. 时钟校准。

(1)接入铁路时间同步网或采用卫星授时的各系统时钟自动进行校准,设备管理单位定期对系统时钟的准确性进行检查,如发现系统时钟不能自动校准时,应人工校准。

(2)各设备管理单位按照设备检查周期,对有关设备系统时钟准确性进行检查。如无法自动校准时,由各维护单位进行人工手动时钟校准。

第16条 枢纽地区及个别区间列车运行方向的规定(《技规》第211条)

1. 枢纽地区各线的列车运行方向(箭头所指方向为下行,反之为上行)。

(1)徐州枢纽。

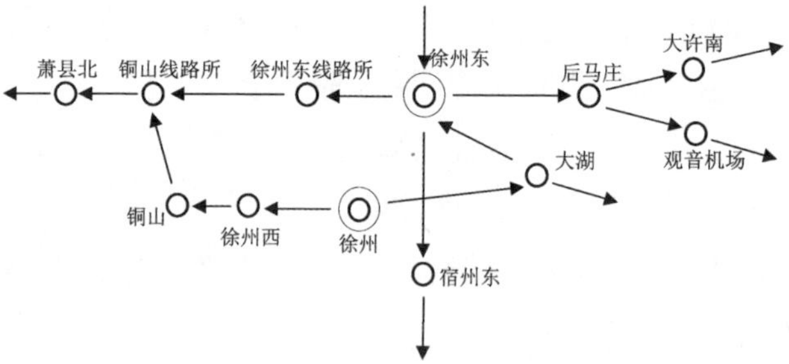

(2)南京枢纽。

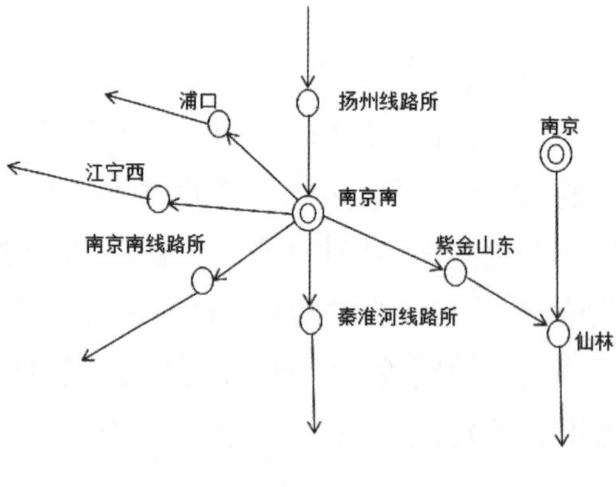

(3)合肥枢纽。

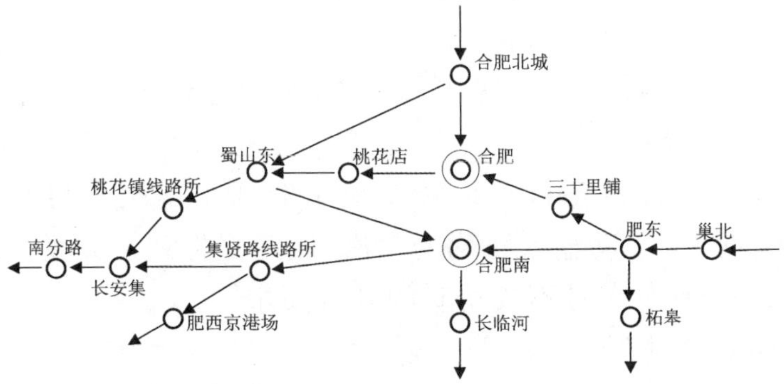

(4)南通、海安枢纽。

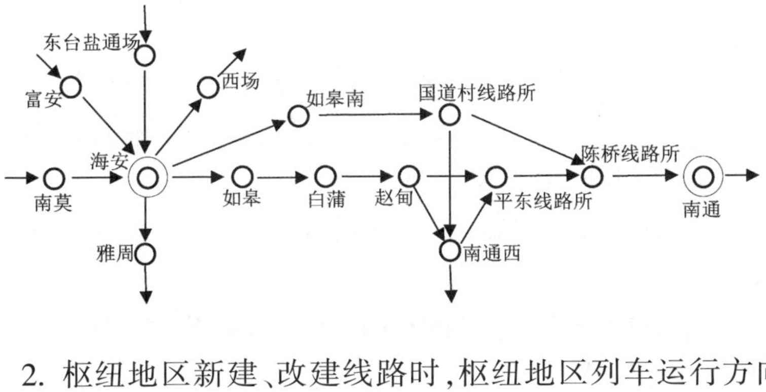

2. 枢纽地区新建、改建线路时,枢纽地区列车运行方向由集团公司运输部公布,纳入列车运行图文件。

第 17 条 机车综合无线通信设备注册列车车次的补充规定

1. 列车车次变化地点 CIR 注册列车车次的要求。

列车在 GSM-R 区段运行时，司机应选定 CIR 通信模式为 GSM-R，并在 CIR 设备操作显示终端正确注册车次功能号,确认车次功能号注册成功。

在列车运行图规定的车次变化地点，车次自动跳转时，司机核对后予以确认；不能实现自动跳转或未装备 LKJ 的动车组在车次变化地点，司机应注销原车次号，重新注册新车次号，并同步对 ATP 车次进行修改（对通过列车，ATP 车次可暂不修改，允许运行至前方图定停车站进行 ATP 车次转换）。

发现 CIR 设备自动跳转及显示的列车车次号与实际车次不符时，应手动输入正确的车次号，并报告列车调度员。

2. 注册车次号不成功时的处理要求。

遇 CIR 注册车次号不成功时，司机应使用 GSM-R 手持终端报告列车调度员（车站值班员），使用 GSM-R 手持终端进行通话。

第 18 条 车务应急值守人员值守工作制度（《技规》第221 条）

1. 车务应急值守人员在行车室值守期间，应按规定着装及佩戴标志，不准做与工作无关的事情。交接班时应在行车室办理对号交接，并在交接班簿内签认。

2. 车务应急值守人员值守期间应负责车站行车室备品的保管。

3. 车务应急值守人员应在信号楼间休室（须设置自动电话）内休息，需处理行车有关事项时，列车调度员应立即通知车务应急值守人员到行车室处置。

4. 车务应急值守人员值守期间应坚守岗位，不得擅自离开车站行车室。遇特殊情况需要临时离开岗位时，必须经站长（值班干部）批准，明确联系方式并随身携带 GSM-R 手持终端后方可离开。

5. 车务应急值守人员在下列时间段内必须在行车室处置。

(1)转为车站控制期间。

(2)天窗修前2小时至天窗修结束期间。

(3)日班计划下达前后半小时内。

(4)暴风雨雪等恶劣天气期间。

(5)驻站联络员驻站期间。

(6)需要通知客运部门期间。

(7)其他特殊情况时。

第19条 《站细》编制工作的规定(《技规》第223条)

1. 除上海虹桥站外,非集控站不编制《站细》。

2. 与普速铁路共线的车站,划分车场的,高速场按高速铁路规定执行,普速场按普速铁路规定执行。不满足上述要求的车站,按普速铁路规定编制《站细》。

3. 车务站段应及时将《站细》或有关内容摘录分发给有关处所和单位。凡在车站参加作业的有关人员,均应熟悉和执行《站细》的有关规定。

4. 不编制《站细》时,有关单位根据集团公司公布的技术资料,将与本单位有关的内容进行整理,在有关行车岗点存放。

第20条 道岔清扫分工的规定(《技规》第224、292、320条)

车站(线路所)集中联锁道岔,由电务部门负责清扫,非集中联锁的道岔,由车站负责清扫。段管线内的集中联锁道岔,由电务设备维修单位负责清扫,非集中联锁的道岔,由段管线单位负责清扫。

综合维修基地、网工区非电气集中道岔清扫由管理、使用单位负责。涉及几个单位共用时,由工务单位负责清扫并制定具体办法。

第 21 条 车站道岔、股道编号及线路有效长的补充规定(《技规》第 225、226 条)

1. 新建、改建项目和设备大修时,道岔及股道按规定编号;局部改造道岔、股道时,过渡期内,可在原编号基础上予以临时编号。道岔及股道编号由项目管理机构组织设计单位以及工务、电务、车务部门共同确认,纳入各专业设计文件。

2. 各专业设计文件中的道岔及股道编号须纳入审批内容;运输和设备管理部门确认后,方可组织开通,有关单位相应修改设备履历簿等技术资料。

3. 遇工务、电务、车站对既有道岔及股道编号不一致时,由车务站段及时组织统一。集中联锁的道岔及股道编号以电务为准;非集中联锁的道岔及股道编号以工务为准;特殊情况由集团公司运输部牵头研究确定。

4. 线路有效长的补充规定。

(1)有效长:系指在线路的全长中,可以停放机车车辆而不影响信号显示、道岔转换(压中岔除外)或邻线行车可利用线路全长中的部分长度。

(2) 有效长起止点:设有信号机的线路为信号机~信号机、信号机~警冲标、信号机~车挡或信号机~轨道绝缘节;无信号机的线路为警冲标~警冲标、警冲标~车挡、道岔尖轨尖端~车挡。设有挡车器时,有效长计算至挡车器。

(3)具体起止点由车务、工务、电务单位根据设备具体情况共同确认,具体有效长以工务提供的技术资料为准。

第 22 条 动车组以外的旅客列车运行途中车辆乘务员值乘的补充规定(《技规》第 218 条)

1. 动车组以外的旅客列车设置备品室的规定。

动车组以外的旅客列车应设置车辆备品室,用于放置行车备品、应急配件及工具、随车材料、技术资料、台账等。

2. 动车组以外的旅客列车运行途中车辆乘务员的值乘位置。

动车组以外的旅客列车运行途中，车辆乘务员在巡视间隔期间应在固定地点值乘，值乘位置原则上为首尾车乘务员室（不得长时间固定占用），具体如下：

（1）挂工程师车的须在工程师室值乘。

（2）首尾一辆为行李车或邮政车，在行李、邮政车不具备制冷、采暖条件的情况下，可在邻车的乘务员室值乘。

（3）临时加挂车辆时，仍按原编组指定位置值乘。

第23条　动车组车站上水作业的补充规定（《技规》第141、172条）

1. 入动车所（库、场）的动车组列车应在动车所（库、场）上水。动车组列车在站折返、途中补（给）水或动车所（库、场）不具备上水能力时，在车站上水。

2. 动车组列车在始发、中间站（含折返站）进行上水作业时，作业人员上水作业完毕，须关（锁）闭上水口盖板并确认后通知车站客运人员，车站客运人员通知列车长，列车长须得到车站客运人员的确认后，按要求报告司机（或随车机械师）关闭车门。

3. 动车组列车终到站（不含折返站）有上水作业时，作业人员上水作业完毕，须关（锁）闭上水口盖板并确认后通知车站客运人员，站台客运人员确认列车客运乘务组退乘完毕、上水吸污等作业完毕后，报告司机（或随车机械师）关闭车门。

第24条　动车组车站吸污作业的补充规定（《技规》第141、156、172、349条）

1. 作业分工。

动车组吸污设备分为固定式和移动式，由车辆（动车）段负责吸污作业；车站负责吸污作业的组织，根据列车运行图制定的吸污计划，将吸污列车的车次、停靠股道、到发时刻通知吸污作业单位。

2. 作业联系制度。

(1)作业开始前，作业人员通知车站客运人员吸污车次和吸污股道，车站客运人员确认后通知动车组列车长（完成当日乘务运行交路的终到动车组列车除外）。

(2)作业完毕后，作业人员通知车站客运人员，车站客运人员确认吸污作业完毕后通知动车组列车长。列车长得到车站客运人员的通知后，按规定通知司机（或随车机械师）关闭车门。对完成当日乘务运行交路的终到动车组列车，由车站客运人员通知司机（或随车机械师）关闭车门。

第 25 条 其他规定

1. 下列区段为仅运行动车组的区段：

(1)300km/h~350km/h 高速铁路区段。

(2)200km/h~250km/h 高速铁路:南京南宁杭场~亭子山线路所（不含），肥东站~合肥南沪蓉场~长安集站（不含），南京南宁安场~仙林站区段；南京南宁安场~安庆站区段；萧县北站~岱河站（不含）区段；杭州南杭甬场~黄山北杭黄场区段；徐州东徐兰场~盐城徐盐场区段，董集站（不含）~丹徒站区段。

(3)高速铁路车站至动车所（动车存车场）间的联络线区段。

2. 宁启、衢九、青盐、沪苏通铁路为 200km/h 客货共线铁路。

3. 特殊行车方式。

长安集、金华南、丽水、青田、海安、连云港普速场、盐城北站为普速铁路与高速铁路共用车站,按普速铁路规定执行。

4. 多方向车站、线路所转非常站控后的安全控制措施。

(1)转为非常站控模式前,车站值班员必须核对列车运行计划,确认后续列车的接车股道以及有无办客作业。对调度集中系统已经排列的列车进路,应与列车调度员进行核对。

(2)转为非常站控模式前,车站值班员必须核对与本站有关的调度命令,掌握调度命令的内容及执行情况和要求。

(3)转为非常站控模式后,车站值班员在办理发车进路前,必须与列车调度员核对该趟列车的运行方向,核对正确后方准排列进路、开放信号。出站信号开放后,把关人员须再次确认。

5. 车站人员设置的补充规定(《技规》第207、209条)。

(1)非集控站设车站值班员(分场时分别设置车站值班员),负责办理接发列车、调车等行车工作。200km/h客货共线铁路中心操作方式的车站设车务应急值守人员,车站调车、车站操作方式的车站设车站值班员、应急行车人员,其中浦口北、江都、姜堰、南莫、白蒲、赵甸站不设应急行车人员。

(2)高速铁路应设置应急行车小组,负责集控站、线路所在非常站控和各种非正常情况下的行车组织工作。应急行车小组人员必须具备相应的岗位资格。有关车务站段应制定应急行车小组胜任人员配置及赶赴集控站作业办法。

6. 行车人员主要职责。

(1)列车调度员的主要职责。

①严格执行各项规章制度,遵守和维护调度纪律,负责本调度区段行车指挥工作。

②掌握管辖范围内车站及列车的技术设备和作业过

程；注意列车的运行情况和有关安全监控设备工作情况；负责与相邻台交换列车运行计划，及时编制和下达列车运行调整计划。

③严格按列车运行图指挥行车，遇列车发生晚点时，应积极采取措施，组织有关人员恢复正点。

④正确及时地发布与行车指挥有关的调度命令、口头指示。

⑤需人工办理进路时（车站控制模式下除外），负责布置进路，并听取助理调度员进路准备妥当的汇报，确认进路正确。

⑥转为非常站控时，负责向车务应急值守人员下达列车运行调整计划（包括车次、股道、方向、到开时刻）；对现场人工准备的进路，CTC终端能够正常显示时须与助理调度员共同确认进路正确；收取列车到发时刻（能通过计算机报点的除外）。

⑦遇发生事故、设备故障等情况时，正确及时处理，通报信息，并按规定填写安监报-1。

⑧掌握救援列车的分布情况，根据值班主任（副）的指示，及时发布救援列车运行的调度命令。

⑨对列控限速调度命令（数据格式）与助理调度员执行“二人确认制度”。

(2)助理调度员的主要职责。

①严格执行各项规章制度，接受列车调度员的领导。

②掌握管辖范围内车站及列车的技术设备和作业过程，注意列车的运行情况和有关安全监控设备工作情况。

③根据列车调度员的指示人工办理进路和开放信号。

④负责进行CTC控制模式转换、列控限速设置、接触网

有(无)电状态、线路(道岔)封锁等操作。

⑤分散自律中心控制模式下,担任调车领导人,按规定及时编制和下达调车作业计划,并负责办理调车进路。

⑥按照列车调度员的指示正确发布与行车指挥有关的调度命令、口头指示。

⑦负责列控限速调度命令(数据格式)的设置、取消,与列车调度执行“二人确认制度”。

⑧对现场人工准备的进路,CTC 终端能够正常显示时须与列车调度员共同确认进路正确。

⑨按列车调度员的指示,负责办理施工维修、设备故障登销记和接触网停送电签认手续,及时拟定并发布施工维修、抢修作业的调度命令。

(3)车站值班员的主要职责。

①在非常站控模式和分散自律车站操作方式下,统一指挥车站的行车工作。

②负责接收调度命令、监视车务终端的显示,发现遇实际情况不符时,及时联系调度员,如危及行车安全时,必须及时处置;根据调度员指示,亲自或指派人员对站内线路进行检查、确认,向司机传达调度命令,交付行车凭证。

③未设车站调度员(调车区长)的车站,在非常站控模式、车站操作方式下,担任车站调车领导人,组织办理车站的调车作业。

④遇信联闭设备故障时,根据调度员指示,负责接发列车进路的检查、准备,及时向调度员汇报。

⑤负责车站轨道电路分路不良区段空闲的确认。

⑥根据调度员的指示,进行分散自律控制与非常站控模式转换的操作以及分散自律控制模式下各种操作方式的

转换。

⑦遇设备故障或行车设备施工、检修时，按规定在《行车设备检查登记簿》《行车设备施工登记簿》办理登、销记手续。

(4)助理值班员(内勤)的主要职责。

①按照车站值班员的命令，正确及时地办理闭塞、准备接发列车进路以及操作方式的转换。

②根据调车作业计划，正确及时地准备调车作业进路。

③通过车务终端或车站控制台监视列车运行和调车作业动态。

④监视设备状态，发现与实际情况不符时，及时汇报车站值班员。

(5)车务应急值守人员的主要职责。

负责车站行车室通信、信号等行车设备和行车备品的看管，在车站行车室值守。并根据列车调度员的指示协助做好设备故障、施工维修、非正常情况下等有关行车工作。

①向司机等相关人员递交书面调度命令。

②组织相关人员现场准备进路。

③组织相关人员对故障设备进行检查、确认。

④按规定对站内到发线停留车辆的防溜措施进行检查、确认。

⑤在特殊情况下与司机办理故障车、事故车有关随车运输票据和回送单据的交接、保管工作。

⑥组织应急救援，完成信息传递和其他需现场了解、检查确认的工作。

⑦根据调度员的指示，进行分散自律控制与非常站控模式转换的操作，并在《CTC控制模式转换登记簿》内登记。

⑧按规定做好《行车设备检查登记簿》、《行车设备施工

登记簿》的登销记工作，并及时向列车调度员(助理)汇报。

⑨采用车站调车操作方式的车站，车务应急值守人员还应担当调车领导人并负责办理调车进路。

(6)200km/h 客货共线铁路应急行车人员的主要职责。

应急行车人员由车务具有助理值班员职名的人员担任，根据车站值班员指示，负责办理以下行车作业：

①负责动车组列车以外的列车接车、旅客列车及货物列车编组顺序表的编制、上报，与司机办理列车编组顺序表(货物列车含票据)的交接，货物列车列尾的摘挂，列尾故障时，配合司机进行列车自动制动机简略试验工作。

②按规定做好站内到发线停留车辆的防溜及防溜措施的检查、确认工作。

③协助做好应急处置工作。

(7)200km/h 客货共线铁路集控站车站值班员的主要职责。

负责车站行车室通信、信号等行车设备和行车备品的看管，在车站行车室值守，负责通知应急行车人员办理作业，并根据列车调度员的指示协助做好设备故障、施工维修、非正常情况下等有关行车工作。

①负责通知应急行车人员办理动车组列车以外的列车接车、票据交接等工作。

②组织向司机等相关人员递交书面调度命令。

③组织相关人员现场准备进路。

④组织相关人员对故障设备进行检查、确认。

⑤组织与司机办理故障车、事故车有关随车运输票据和回送单据的交接、保管工作。

⑥组织应急救援，完成信息传递和其他需现场了解、检

查确认的工作。

⑦根据调度员的指示，进行分散自律控制与非常站控模式转换的操作，并在《CTC控制模式转换登记簿》内登记。

⑧按规定做好《行车设备检查登记簿》、《行车设备施工登记簿》的登销记工作，并及时向列车调度员（助理）汇报。

⑨采用车站调车操作方式的车站，还应担当调车领导人并负责办理调车进路。

7. 线路所由相邻车站办理行车作业的规定。

(1)杭甬高速铁路，杭甬杭州南线路所由杭州南杭甬场应急值守人员负责应急值守和车站控制下行车工作。

(2)沪杭高速铁路，笕桥线路所由临平南站应急值守人员、七宝线路所由上海虹桥高速场车站值班员、春申线路所由松江南站应急值守人员负责应急值守和车站控制下行车工作。

(3)沪宁高速铁路，仙林线路所由仙林站应急值守人员、安亭北线路所由安亭北站应急值守人员、南翔北线路所由南翔北站应急值守人员负责应急值守和车站控制下行车工作。

(4)京沪高速铁路，扬州线路所由滁州站应急值守人员、秦淮河线路所由南京南京沪场车站值班员、黄渡线路所由昆山南京沪场应急值守人员负责应急值守和车站控制下行车工作。

(5)宁杭高速铁路，南京南线路所、杭州东线路所分别由南京南宁杭场、杭州东宁杭甬场车站值班员负责应急值守和车站控制下行车工作。

(6)杭长高速铁路，杭长杭州南线路所由杭州南杭长场应急值守人员负责应急值守和车站控制下行车工作；塘雅线路所、东孝线路所控制台设在金华杭长场行车室，单独指派一名车务应急值守人员负责塘雅线路所、东孝线路所应急值守和车站控制下行车工作。

(7)沪蓉铁路,亭子山线路所由浦口站车务应急值守人员负责应急值守和车站控制下行车工作;集贤路线路所控制台设在长安集站行车室,集贤路线路所单独设置车务应急值守人员,负责应急值守和车站控制下行车工作。

(8)南京枢纽仙宁线,紫金山东站由南京南宁安场车站值班员负责应急值守和车站控制下行车工作。

(9)合福高速铁路,合肥南线路所由合肥南合福场车站值班员负责应急值守和车站控制下行车工作。

(10)宁安客专,铜陵北线路所由铜陵宁安场应急值守人员负责应急值守和车站控制下行车工作。

(11)金温铁路,金华南线路所、温州南线路所控制台分别设在金华南、温州南站行车室内,单独指派一名车务应急值守人员负责应急值守和车站控制下行车工作。

(12)郑徐客专,铜山线路所、徐州东线路所分别由萧县北、徐州东京沪场应急值守人员负责应急值守和车站控制下行车工作。

(13)青盐铁路,沈圩线路所控制台设在连云港站行车室内,单独指派一名车务应急值守人员负责应急值守和车站控制下行车工作。

(14)杭昌高速铁路,杨村桥线路所由建德杭黄场应急值守人员负责应急值守和车站控制下行车工作。

(15)徐盐客专,后马庄站、贡兴线路所、圩洋线路所控制台分别设在徐州东徐兰场、淮安东站、盐城徐盐场行车室。后马庄站由徐州东徐兰场车务应急值守人员负责应急值守和车站控制下行车工作;圩洋线路所由盐城徐盐场车务应急值守人员负责应急值守和车站控制下行车工作；在淮安东站行车室单独指派一名车务应急值守人员负责贡兴线路所和连镇客专黄楼线路所应急值守和车站控制下行车工作。

(16)京港高铁，阜阳西线路所、阜阳西存车场控制台设在阜阳西站行车室，阜阳西存车场设车站值班员，阜阳西线路所由阜阳西京港场车务应急值守人员负责应急值守和车站控制下行车工作；双岭线路所、龙山线路所控制台设在安庆西站行车室，单独指派一名车务应急值守人员负责双岭线路所、龙山线路所应急值守和车站控制下行车工作。

(17)宁启铁路，平东线路所、陈桥线路所控制台设在赵甸站行车室，单独指派一名车务应急值守人员负责平东线路所、陈桥线路所应急值守和车站控制下行车工作。

(18)合杭高铁，大力寺线路所、胡庄线路所控制台设在巢湖东合杭场行车室，单独指派一名车务应急值守人员负责大力寺线路所、胡庄线路所应急值守工作和车站控制下行车工作；妙西镇线路所控制台设在德清合杭场行车室，由德清合杭场车务应急值守人员负责应急值守和车站控制下行车工作；范家漾线路所、勾庄线路所控制台设在杭州西合杭场行车室，单独指派一名车务应急值守人员负责范家漾线路所、勾庄线路所应急值守和车站控制下行车工作。

(19)沪苏通铁路，陆渡线路所控制台设置在太仓通沪场行车室，由太仓通沪场车务应急值守人员负责应急值守和车站控制下行车工作。

(20)连镇客专，黄楼线路所控制台设在淮安东站行车室，单独指派一名车务应急值守人员负责黄楼线路所和徐盐客专贡兴线路所应急值守和车站控制下行车工作；邵伯线路所控制台设在扬州东站行车室，由扬州东站车务应急值守人员负责应急值守和车站控制下行车工作；横山线路所控制台设在大港南站行车室，由大港南站车务应急值守人员负责应急值守和车站控制下行车工作。

(21)盐通高铁，国道村线路所控制台设在南通西站行车室，由南通西站车务应急值守人员负责应急值守和车站控制下行车工作。

(22)杭台高铁，镜湖线路所控制台设在绍兴北杭台场行车室，温岭北线路所控制台设在温岭杭台场行车室。镜湖线路所、温岭北线路所均单独设置一名车务应急值守人员，负责应急值守和车站控制下行车工作。

上述线路所和车站以及塘雅线路所和东孝线路所、平东线路所和陈桥线路所、大力寺线路所和胡庄线路所、范家漾线路所和勾庄线路所、双岭线路所和龙山线路所、黄楼线路所和贡兴线路所原则上不准同时转为车站控制，遇特殊情况必须转为车站控制时，列车调度员应布置车站通知车站应急行车小组人员赶赴车站行车室，负责线路所行车工作。

8. 行车室配备行车用品的规定。

车站应按规定在行车室配备与行车有关的行车用品，具体配置数量见下表：

顺号	名称	单位	数量	附注
1	调度命令纸	册	2	应急
2	调度命令登记簿	本	1	应急
3	行车日志	本	1	应急
4	列车时刻表	份	1	
5	GSM-R 手持终端	个	1	
6	对讲机	个	2	
7	红/绿、红/黄手信号旗(灯)	副(盏)	1	应急
8	止轮器(铁鞋)	个	6	应急(编号1至6号),仅运行动车组列车的区段不再配置铁鞋
9	人力制动机紧固器	个	6	应急(编号1至6号),仅运行动车组列车的区段不再配置
10	应急照明灯具	个	1	应急
11	时 钟	个	1	上墙
12	车站(助理)值班员交接班簿	本	1	
13	有关行车规章	套	1	《技规》《调规》《事规》《行规》《行细》以及相关高速铁路技术规章
14	行车设备检查登记簿	本	1	
15	行车设备施工登记簿	本	1	
16	电动道岔钥匙、手摇把	个		各型号均不少于4个,型号由电务部门确定。
17	勾锁器	套		按车站道岔数配置
18	占线板	块	1	应急
19	非正常接发列车程序控制表	本	1	
20	CTC 控制模式转换登记簿	本	1	
21	简易紧急制动阀	个	1	客车调车作业车站配置

注:1.线路所行车室备品的配备由各站段根据具体情况确定。

2.高速铁路与普速铁路共线车站、接轨站除按《行规》规定配备备品外,还须符合上表的配备要求。

9. 电气化安全补充规定(《技规》第185条)。

(1)机车、动车组及各种车辆上方的牵引供电设备未采取停电、安设接地线等安全防护措施前,禁止任何人员攀登到车顶或车辆装载的货物上。

(2)在电气化区段运行的机车、动车组、车辆及自轮运转特种设备可以攀登到车顶或作业平台的梯子、天窗等处所,均应有"电气化区段严禁攀登"的警告标志。机车、动车组、车辆车顶门及机车、车辆、自轮运转特种设备攀登梯子应可靠加锁。

(3)电气化区段上水、保洁、施工养护等作业,不得将水管向供电线路方向喷射或水柱喷溅,站车、整备场等场所保洁不得采用向机车、动车组、车辆等车体上部喷水方式洗刷车体。在接触网线路上给机车、车辆上水时,必须先接水管,后开阀门;拔下水管前必须先关闭阀门。

(4)牵引供电设备故障时,与牵引供电设备相连接的支柱、接地引下线、综合接地线等可能出现高压电,未采取停电、安设接地线等安全防护措施前,禁止非专业人员与其接触,保持安全距离,并立即报告集团公司调度所、附近车站或供电设备管理单位。

(5)严禁向接触网上抛挂绳索等物体,发现牵引供电设备断线及其部件损坏,或发现牵引供电设备上挂有线头、绳索、塑料布、风筝、树枝或脱落搭接等异物,均不得与之接触,应立即通知集团公司调度所、附近车站或供电设备管理单位;在牵引供电设备检修人员到达并采取措施以前,任何人员均应距已断线索或异物处所10m以外。

(6)发现牵引供电设备支柱及各部接地线损坏,回流吸上线与钢轨或扼流变连接脱落时,禁止非专业人员与之接触。

(7)距牵引供电设备支柱及牵引供电设备带电部分 5m 范围以内,具备接入综合接地条件的金属结构应纳入综合接地系统;不能接入综合接地系统的金属结构须装设接地装置,接地电阻一般不大于 10Ω。由金属结构产权或工程建设单位负责纳入综合接地系统或安设接地装置,由金属结构产权单位定期检测并留下记录。

(8)站内和行人较多的地段,牵引供电设备支柱在距轨面 2.5m 高处均要设白底黑字“高压危险”并有红色闪电符号的警示标志,警示标志应保持完整、清晰。任何人员不得在上述地点停留休息。禁止借助接触网支柱搭脚手架,必须借助接触网支柱登高时,必须有供电专业人员现场监护。

(9)天桥、跨线桥靠近或跨越牵引供电设备的地方,须设置防护栅网,栅网由所附属结构的产权或工程建设单位负责安设,由所附属结构的产权单位定期检查。防护栅网安设“高压危险”标志。警示标志由施工单位负责制作安装,供电单位负责维护。

(10)电气化铁路区段车站风雨棚、跨线桥、隧道等构建物应安装牢固,状态良好,不得脱落,其中风雨棚、跨线桥不得有绳、索及铁丝等异物脱落。距牵引供电设备 2m 范围内不得出现漏水、悬挂冰凌等现象。附挂在跨线桥、渠上的管路,以及通信、照明等线缆,须设专门固定设施,且安装可靠,不得脱落。

(11)索道、电力线路、光电缆、管路、带水施工养护等跨越电气化铁路施工时,须经集团公司批准,与供电设备管理单位签订施工安全协议,在接触网采取停电、安设接地线等安全防护措施后进行。

(12)工务、电务等部门使用的临时回流连接线须用截面

积不小于 $70mm^2$ 的软铜线制成,不得出现断股、散股,一经发现立即停用或报废。

(13)禁止在接触网支柱上搭挂衣物、攀登支柱或在支柱旁休息。禁止在吸流变压器下、支柱、铁塔下避雨。在雷雨天气巡视设备时,不准靠近避雷针、避雷器。雨天作业时,必须远离接触网支柱、接地线、回流线等设备。

(14) 各单位要按规定配备符合国家标准或行业标准的劳动防护用品和生产用具,从业人员在作业中必须正确佩戴和使用。绝缘防护用品和生产用具应有专人保管,使用前必须认真检查,如有疑问或不良严禁使用。严格检验检测制度,绝缘防护用品和生产用具,每半年须送相关的供电段进行一次绝缘耐压试验。双方单位要建立检验检测档案,健全各项记录。

(15)非电气化铁路区段的作业人员需经由电气化铁路(包括通过电气化铁路的机车乘务员、押运员、各种检查人员或进入电气化区段进行抢险、救灾或处理应急突发事件等)时,用人或牵头单位应负责对其进行电气化铁路安全知识和安全注意事项的培训考试, 作业人员必须严格执行安全规定。

各非电气化铁路区段的单位,应将电气化铁路安全知识作为本单位对有关人员进行日常安全教育的内容。

(16)在电气化区段需临时登机车、动车、车辆顶部进行应急处置前,除按规定办理停电手续外,登顶人员(或通过机车乘务员)还应向列车调度员(或通过车站值班员)报告登顶作业具体的铁路名称、行别、里程、股道和两端支柱号,由列车调度员向供电调度员转达。在双线隧道内、分段绝缘器下、电力机车禁停区内、电分相内、禁止“V”停区段等处所接触网应停电彻底;在电分相、分段绝缘器、绝缘锚段关节、中性区段等处所接触网应采取等位线措施,否则禁止人员登车顶。

10. 使用列控车载设备等级转换的补充规定。

(1)在 CTCS–3 级列控地面设备的区段同时具备 CTCS–2 级列控车载设备和 LKJ 运行监控装置后备功能; 在装备 CTCS–2 级列控地面设备的区段同时具备 LKJ 运行监控装置后备功能; 各区段列控设备衔接处设有级间自动切换装置。CTCS–3 级列控地面设备故障时,可降级使用 CTCS–2 级列控地面设备功能;CTCS–2 级列控地面设备故障时,可降级使用 CTCS–0/1 级列控地面设备功能。

动车组在 C2/C3 或 C3/C2 自动切换点处可自动切换;在 CTCS–2 级区段,同时具备 LKJ 运行监控装置后备功能的动车组列控车载设备,在 C0/C2 或 C2/C0 级间切换点可自动切换。

(2)动车组在 CTCS–3、CTCS–2 区段运行时应采用相应的列控车载设备控车。在 CTCS–3 级区段当 CTCS–3 级列控车载设备 C3 功能故障时,可改用 CTCS–2 级控车;列控车载设备故障时, 装备有 LKJ 设备的动车组可改用 LKJ 控车; 未装备 LKJ 设备的动车组可按隔离模式维持运行或无动力回送。

(3)装备有 CTCS–3 级列控车载设备的动车组在 CTCS–3 区段始发时可先选用 CTCS–2 级控车模式开车, 通过级间切换点后自动转为 CTCS–3 级列控车载设备控车。

11. 动车组按 CTCS–3 级控车修改列车数据的规定。

动车组列车按 CTCS–3 级控车, 遇站内停车需修改列车数据(列车编组、车次号等)时,应在收到行车许可后再修改、确认。如修改列车数据后导致 ATP 无允许速度,应重启 ATP,并报告列车调度员 (车站值班员), 设备恢复正常后继续运行。

第三章　编组列车

第 26 条　动车组以外的旅客列车编组的补充规定(《技规》第 236、238、240、241 条)

1. 与机车相连接的客车端门防护栏及编挂在列车尾部的客车后端门的防护栏由车辆部门负责加装并锁闭。

2. 与机车相连的客车端门和最后一辆乘坐旅客的车辆的后端门由客运部门加锁。其他车辆的车门由值乘人员负责加锁。

3. 局管内动车组以外的旅客列车可不挂隔离车。

4. 动车组以外的旅客列车编组中,装用折棚(密封)风挡的客车不得与装用铁质、橡胶风挡的客车连挂。因检测、试验和回送需要必须连挂在一起时,须连挂在列车尾部,由申请挂运单位采取安全措施。

第 27 条　附挂机车进行滚动试验的规定

1. 切除弹停装置的机车附挂旅客列车回送时,应进行滚动试验。滚动试验时,附挂机车司机应与本务机车司机主动联系,并负责滚动试验的检查确认。

2. 在站内邻靠正线、区间进行滚动试验时,列车调度员根据司机下车检查的请求, 发布邻线列车限速 160km/h 及以下的调度命令,限速地点按停车地点前后 1km 确定(在站内邻靠正线时按进站信号机至反向进站信号机里程确定),司机在接到列车调度员已发布邻线列车限速 160km/h 及以下调度命令的口头指示后,方可下车检查处理。

3. 滚动试验运行速度不得超过 5km/h。

4. 滚动试验办法。

(1)机车在机务段内(包括折返段)时,应完成滚动试验后方可出库。

(2)在站内时,附挂机车与客车尚未连挂时,应完成滚动试验后方可连挂。已与客车连挂时,由本务机车司机向列车调度员(车站值班员)申请进行滚动试验,列车调度员(车站值班员)开放出站(进路)信号,司机确认具备开车条件后,进行滚动试验。滚动试验正常时,司机汇报列车调度员(车站值班员),直接开车。

(3)在区间时,由本务机车司机向列车调度员(车站值班员)汇报进行滚动试验,得到列车调度员(车站值班员)允许后,方可牵引列车进行滚动试验;滚动试验正常时,司机汇报列车调度员(车站值班员),直接开车。

5. 站内或区间进行滚动试验后,本务机车司机向列车调度员(车站值班员)报告,在前方站停车再次检查确认。

第 28 条 动车组、电力机车运行的补充规定(《技规》第 215、216、239、240 条)

1. 电力机车、动车组重联、附挂台数和多弓运行时升弓间距的限制。

(1)禁止单台电力机车、短编动车组升双弓过电分相运行,禁止三台及其以上机车升弓重联运行。

(2)供电部门负责公布电分相技术资料,机务、车辆部门根据供电部门公布的技术资料,结合机车(动车组)弓间距,确定升弓方式。

2. 动车组、电力机车禁止驶入和禁止停留地点的规定。

(1)禁止向接触网停电区和无网区放行电力机车、动车组。

(2)电力机车、动车组禁止在分相中性区、分段绝缘器下方、电力机车禁停标区域停车。

(3)电力机车、动车组在接触网终点附近作业时,应与接触网终点标保持不少于10m处停车。遇特殊情况,必须近于10m时,须一度停车,并严格控制速度。

第29条 机车回送的补充规定(《技规》第240、241条)

1. 调拨及新造、检修完毕出厂(段)的机车,在局管内运行时,均按专列或有动力附挂方式回送;入厂(段)检修的机车,除事故车和返厂(段)修车外,必须达到运用状态,按专列、单机或有动力附挂方式回送。日常运输组织发生的机车回送,原则上应按有动力方式,无动力附挂时不得跨牵引区段。

机车附挂回送时,原则上附挂货物列车;走行部和制动装置良好的客运机车, 可在交路区段内附挂旅客列车回送(出入厂、段的修程机车除外)。附挂货物列车回送时,应附挂直通、直达货物列车回送;货运机车不准附挂旅客列车。

集团公司所属机车附挂或专列回送时,原则上内燃机车应采用有动力方式,电力机车应采用无动力方式。

2. 集团公司机车调度每天16:00前须向国铁集团机车调度汇报跨局机车在本局管内的回送动态及滞留机车组织情况,并与相关集团公司机车调度间交换回送机车在管内运行状态。

回送机车乘务员须每天向本段汇报回送情况,机务段应掌握本段回送机车情况,发现机车滞溜,协调相关部门及时处理。

3. 走行部及制动机等严重破损机车禁止随列车附挂回送。走行部及基础制动装置故障的机车回送时,须经机务段专业技术人员鉴定后,调度所凭机务段的回送请求电报安排回送。回送途中机务段须安排专业技术人员添乘。

4. 附挂机车应挂于本务机车次位。附挂旅客列车回送时限挂一台,附挂交路区段外的旅客列车跨局回送时按国铁集团调度命令办理;附挂货物列车回送时不得超过两台。

5. 受桥梁限制必须进行隔离的区段、机型、隔离辆数等,由集团公司工务部门明确,纳入列车运行图技术资料。

6. 托运回送机车在车站停留时,由车站负责防溜。回送机车入外段后,应按所入段库内防溜的有关规定执行。附挂(重联)机车需与本务机车或前位机车摘开时,必须恢复机车牵引条件后(闭合蓄电池开关、开启 LKJ、升弓或启机、空压机工作、总风缸压力达到定压、机车处于制动状态),方可通知前位机车进行摘机作业。附挂机车无法升弓或启机时,必须采取可靠的防溜措施后,方可通知前位机车进行摘机作业。

7. 机务段调度员对附挂回送通过电化区段的机车乘务员,在出乘前要讲明安全注意事项。

第 30 条　旅客列车挂车的补充规定(《技规》第 243、244 条)

1. 旅客列车尾部加挂车辆作业的规定。

使用客列尾装置的旅客列车，尾部加挂客车不得超过 2 辆。

2. 机车连挂动车组作业的补充规定。

(1)利用机车连挂动车组调车时,由调车指挥人负责引导;动车组无动力回送或被救援时,由随车机械师负责引导。

(2)机车与动车组连挂前,由引导人员引导机车停在距离动车组约 3m 的位置。机车司机和随车机械师分别确认机车、动车组连挂准备就绪。机车司机操纵机车以不超过 5km/h 的速度连挂,连挂后试拉,确认连挂良好。

第 31 条 动车组以外的旅客列车使用列尾装置的补充规定(《技规》第 246 条)

1. 局管内以客调命令临时加开的旅客列车,不具备安装客列尾装置条件时,车辆部门应书面通知调度所,在客调命令中明确不挂客列尾装置。列车运行中由车辆乘务员按规定核对尾部风压。

2. 通勤列车可不挂列尾装置。

第 32 条 回送动车组以外的客车底列车的补充规定(《技规》第 250、267 条)

1. 整列回送的客车底列车,辆数不得超过 20 辆,编入的客车车辆的最低标记速度必须符合该列车规定的最高运行速度要求。

2. 以客车底编组的列车自动制动机主管压力为 600kPa。以货车编组或客货车混合编组的列车,自动制动机主管压力为 500kPa。

双管供风时总风管的压力为 600kPa。

3. 图定回送的客车底列车, 应指派车辆乘务人员值乘。非图定回送的客车底列车和以客车底编组的军用列车,不挂客列尾装置时,需安排车辆押运人员。

4. 图定回送客车底列车需技术作业时,在有客列检的车站,由客列检负责;无客列检的车站由车辆乘务员负责。

非图定回送客车底列车、以客车底编组的军用列车进行技术作业时,在有客列检的车站由客列检负责,有货列检的车站由货列检按《铁路货车运用维修规程》有关规定执行。

5. 编入货物列车的客车, 在有货列检的车站停车作业时,按照《铁路货车运用维修规程》的相关规定进行检查。

6. 动车组以外回送客车底使用客列尾装置的规定。

(1)图定回送客车底须使用客列尾装置。

(2)非图定回送客车底是否使用客列尾装置,按国铁集团、集团公司相关规定办理。使用客列尾装置时,车辆部门书面通知调度所,并在调度命令中明确。

7. 回送客车底的列车接发列车时按货物列车要求办理。未安装列尾装置,也未安装列车尾部标志时,以吊起尾部车辆软管代替尾部标志。

第 33 条 列车自动制动机试验的补充规定(《技规》第 255 条)

1. 持续一定时间的全部试验补充规定。

动车组以外的旅客列车出库前必须进行持续一定时间的全部试验,在局管内接近长大下坡道区间的车站,不再进行持续一定时间全部试验。

2. 在站折返的动车组以外的旅客列车自动制动机试验要求。

(1)对在站折返的旅客列车,客列检应于列车到达后,利用本务机车进行除客列尾装置试验外的列车制动机全部试验、列车总风管漏泄试验和持续一定时间的保压试验。

(2)对无客列检作业的站折列车,由车辆乘务员利用本务机车按照列车制动机全部试验的减压标准(分别减压 50kPa、170kPa),对尾部最后一辆客车的制动、缓解状态进行确认,并核对列车管风表压力。

3. 动车组以外的旅客列车进行列车自动制动机的简略试验时,列车尾部车辆的压力表,列车自动制动机主管压力表的表量差亦不得超过±20kPa,列车总风管的压力表压力超过620kPa 或低于 550kPa 时应通知列检人员和机车乘务员检查处理。

4. 车辆段应根据车务段、直属站提出的计划，按季供应必要数量的胶皮垫圈，费用列车辆维修科目。

第34条 列车制动主管压力和列车制动限速的补充规定(《技规》第258条)

1. 列车自动制动机主管压力的补充规定。

(1)机车出段前，应按列车运行图规定的车底种别调整压力。遇有临时变更或加开时，由机务段调度员通知司机，调整到规定压力。

(2)整列回送的客车底列车自动制动机主管压力为600kPa，双管供风时总风管的压力为600kPa。客货车混编的列车，自动制动机主管压力为500kPa。

2. 超过20‰的下坡道，列车制动限速的规定。

除动车组、单机、配合施工维修开行的路用列车外，未经运行试验，禁止其他列车经由超过20‰的下坡道运行。列车经超过20‰的下坡道运行时，仍然按线路允许速度运行。

3. 其他特殊规定。

动车组以外的旅客列车、特快货物班列因“关门车”限速的补充规定。

(1)动车组以外的旅客列车、特快货物班列发生因“制动关门车”需要限速运行时，车辆乘务员须向机车司机递交《旅客列车制动关门限速证明书》。列车中途更换机车时，车辆乘务员应重新填写并向司机递交《旅客列车制动关门限速证明书》;更换机车乘务组时，机车乘务组双方交接《旅客列车制动关门限速证明书》。

(2)机车司机接到《旅客列车制动关门限速证明书》后，向列车调度员汇报，并在列车运行监控装置(LKJ)中选择100km/h速度值，由LKJ监控运行至终到站，途中遇到>20‰

的下坡道时,须按照 LKJ 限速要求监控运行。列车调度员须将限速列车情况通知相邻调度台及相邻局。

(3)动车组以外的旅客列车、特快货物班列在区间发生自动制动机故障时的处置办法。

①旅客列车、特快货物班列在区间遇自动制动机故障不能修复时,准许按“关门车”处理,“关门车”位置不受限制,辆数不得超过 5 辆。

②列车中“关门车”辆数超过一辆但不超过列车辆数的 50%时, 列车限速 60km/h;“关门车” 辆数超过列车辆数的 50%时,列车限速 45km/h。

③车辆乘务员将“关门车”情况报告司机,并在司机手册上注明限速值。司机转报列车调度员,按注明的速度运行至前方有条件的车站停车处理。

(4)运行中司机应避免使用紧急制动。列车最后一辆为“关门车”时,车辆乘务员应在列车尾部监护运行。

第 35 条 其他规定

无。

第四章　调度指挥

第 36 条　发布、转达行车调度命令的补充规定(《技规》第 268~273 条)

1. 补充列车调度员需发布调度命令的项目。

遇动车组部分制动力切除时,司机应及时报告列车调度员(车站值班员),列车调度员应向沿途各站车站值班员发布调度命令。

2. 交递调度命令的特殊要求。

(1)调度命令无线传送系统故障时,调度命令(包括作为行车凭证的调度命令)可使用语音记录装置良好的列车无线调度通信设备发布,司机接到命令后,须与列车调度员(车站转达时为车站值班员)核对。

使用列车无线调度通信设备传达命令或联系列车运行注意事项时,列车调度员(车站值班员)、列车司机都应相互复诵,讲明车次、车站,互报姓名或代号,便于确认。

(2)使用电话下达调度命令的传送方法。

对使用电话下达的调度命令,受令人应进行复诵。如有几个单位同时抄收时,列车调度员应指定人员复诵,其余人员核对。

3. 其他事项。

(1)在分散自律控制模式下,当列车接近关系区间两端站前司机仍未收到调度命令时,列车调度员(车站操作方式为车站值班员)应人工干预调度集中设备不得自动触发发车进路。

(2)遇调度命令无线传送系统及列车无线调度通信设备均故障时,须人工递交书面调度命令。

(3)作为行车凭证的调度命令,在接发列车进路准备妥当后,方可向司机发布(转达),但发布(转达)时间最早不得早于邻站开车前。

(4)遇多个限速地段限速值不一致且限速里程有重叠时,列车调度员可按最低限速值合并限速地段发布临时限速调度命令。

临时限速(降弓)调度命令在双线区段应按列车运行正方向编辑起止里程, 单线区段应按由小到大编辑起止里程。设备管理单位在车站(调度所)《行车设备检查登记簿》内登记限速(降弓)运行起止里程时应按上述规定办理,车站值班员在确认限速(降弓)起止里程登记顺序正确后方可向列车调度员报告。

遇临时限速地段涉及站内到发线(道岔)时,设备管理单位登记时应注明对应正线起止里程。

(5)对指定时间段内的维修作业,在指定的时间内完成并销记后,列车调度员不再发布维修作业结束恢复行车的命令(涉及接触网停电或作业车配合时除外)。如需延长作业时间,列车调度员应发布调度命令批准,并发布维修作业结束恢复行车的调度命令。

第37条 其他规定

无。

第五章　行车闭塞

第38条　办理接发列车预告、报点的补充规定(《技规》第279条)

转为非常站控模式的车站与相邻站间,遇系统不能自动办理发车预告、报点时,应人工办理预告、报点。列车调度员可布置相邻站转为车站操作方式。

按站间组织行车时,非集控站向邻站(列车调度员)报列车到达点。

第39条　电话记录号码编号办法(《技规》第281条)

1. 使用电话记录号码时,自0时至24时不分区间、方向按顺序统一编号。

2. 车站值班员办理接发车时,使用的电话记录号码记入《行车日志》;列车调度员办理发车时,使用的电话记录号码记入《电话记录登记簿》。

《电话记录登记簿》格式如下:

月 日	时 间	号码		记 录 内 容	列车调度员(签姓名)	对方姓名
		收	发			

规格 184mm×260mm16K 纸

第40条　其他规定

1. 停用基本闭塞法改用电话闭塞法以及恢复基本闭塞法时,均须查明站间(所间)区间空闲。

第六章　接发列车

第 41 条　动车组以外的旅客列车在车站出发的补充规定(《技规》第 282 条)

1. 动车组以外的旅客列车在办理客运业务的车站出发时,车站客运人员确认客运作业(旅客乘降、上水、吸污、行包、邮政装卸)完毕后,通过无线对讲设备或 GSM-R 手持终端通知司机,司机须得到站台客运人员的报告后,方可起动列车。

报告用语规定如下:

车站客运人员:"××次司机,××(站)客运作业完毕"。

司机应答:"××次司机明白"。

2. 动车组以外的旅客列车在非客运站办理职工上下开车规定。

列车停妥后, 车站指派的胜任人员确认职工上下完毕后,通过无线对讲设备通知司机:"××次司机,××(站)客运作业完毕"。司机应答"××次司机明白"。司机须得到车站指派的胜任人员的报告,并确认行车凭证正确后,直接起动列车。

第 42 条　动车组开关车门的补充规定 (《技规》第 282 条)

1. 动车组开关车门及作业组织补充规定。

(1)动车组到达始发站后,应将车门保持关闭状态。司机(开关车门集控按钮不在司机室为随车机械师) 根据列车长的通知开门。对无独立司机室外门的重联动车组,到达始发站后司机需换端作业，司机通知随车机械师后，操作释放站台侧车门，通过开、关终到（始发）端司机室后第一位车门出入司机室。

（2）在始发站、中间站（含折返站），车站客运人员确认客运作业（含旅客乘降、上水、吸污）完毕后，通知列车长。列车长接到客运作业完毕的通知后，再次确认旅客上下完毕，通知司机（或随车机械师）关闭车门。两组动车组重联时，前进方向后组动车组列车长确认本组旅客上下完毕，向前组动车组列车长汇报，前组动车组列车长在确认全列旅客上下完毕后通知司机。

（3）在终到站（不含折返站），有上水、吸污等作业时：

①列车长确认旅客下车等客运作业完毕，具备退乘条件后，与站台客运人员联控后组织退乘。

②站台客运人员确认列车客运乘务组退乘、吸污、上水等作业完毕后，通知司机（或随车机械师）关闭车门。

（4）列车长、站台客运人员应按照客运作业技术标准规定的时间组织客运终到作业，不得延误动车组后续开车作业。

（5）动车组列车按标停稳后，司机（开关车门集控按钮不在司机室为随车机械师）应立即操作控制开关打开站台一侧车门。动车组列车必须做到一次对标停车，无特殊原因，禁止再次移动列车。

（6）列车工作人员不得擅自开关车门。

2. 联系用语。

（1）在始发站、中间站（含折返站）。

车站客运人员呼叫列车长："××次××站客运作业完毕"。

动车组列车长应答："××次客运作业完毕，列车长明白"。

列车长呼叫司机："××次司机，××次列车请关门"。

司机应答："××次关门，司机明白"。

(2)在终到站(不含折返站)有上水、吸污作业时。

列车长呼叫站台客运人员："××站，××次列车终到客运乘务作业完毕，准备退乘"。

站台客运人员应答："××次列车长，××站收到"。

站台客运人员呼叫司机："××次(准备开车车次)司机，车站作业完毕，请关门"。

司机应答："××次司机明白"。

(3)有关要求。

①列车长(站台客运人员)呼叫后，应注意监听司机的应答。呼叫5s后未得到司机应答时，应再次呼叫。

②司机听清时及时应答，不得拖延。

第43条 使用CTC人工办理进路的补充规定（《技规》第284、285、287条）

在分散自律控制模式下，正常情况下应使用自动触发方式办理进路，遇有特殊要求或系统不能自动触发时，应采用人工触发方式办理进路，以上两种方式均不能办理时，方可采用按钮排路的方式排列列车进路。

第44条 禁止办理相对方向同时接车和同方向同时发接列车的补充规定(《技规》第286条)

1. 仅运行动车组列车的区段，进站信号机外制动距离内，进站方向为超过6‰的下坡道，接入动车组以外的其他列车而接车线末端无隔开设备时，禁止办理相对方向同时接车和同方向同时发接列车。

2. 在接发列车的同时，接入改按隔离模式运行的动车组列车，而接车线末端无隔开设备时，禁止办理相对方向同时接车和同方向同时发接列车。

3. 设有车场的车站,办理相对方向同时接车和同方向同时发接列车时,应按每个车场分别确定。

4. 遇不能同时办理相对方向同时接车和同方向同时发接列车时,应人工控制信号开放时机。

5. 引导接车时,仍应按相对方向同时接车和同方向同时发接列车的规定办理。

第 45 条 人工办理进路时开闭信号机时机的补充规定(《技规》第 287 条)

1. 进站、出站、进路信号机开放时机的规定。

(1)接发动车组列车时,不迟于列车到达前 3min 开放进站(进路)信号,不迟于列车出发前 1min 开放出站(进路)信号。

(2)接发动车组以外的其他列车时,不迟于列车到达前 5min 开放进站(进路)信号,不迟于列车出发前 2min 开放出站(进路)信号。

(3)遇列车紧追踪等特殊情况,不能满足上述开放信号时机要求时,具备开放信号条件时,即可开放信号。

(4)在车站办理客运业务的旅客列车,遇列车未停妥,而出站(进路)信号机已开放时,不得通过。

2. 进站(进路)信号机开放后关闭信号、变更进路的规定。

信号开放后,原则上不得关闭信号、变更进路。遇特殊情况必须关闭信号、变更进路时,列车调度员(车站值班员)与司机联系妥当后方可办理。危及行车和人身安全时,应先关闭信号,再通知司机,未确认列车停妥或不满足信号开放时机,禁止操纵进路上的道岔。

3. 其他规定。

车站需由同一股道向两端方向发车时,禁止两端同时开放出站(进路)信号,须在一个方向的列车越过出站(进路)信号机后,方可开放另一个方向的出站(进路)信号。

第46条 动车组变更办理客运业务的固定股道及旅客列车晚点时通知的补充规定(《技规》第288条)

1. 旅服系统实行站段集中控制模式的车站,需临时变更动车组列车固定办客股道时:

(1)调度集中分散自律控制模式为中心操作方式或车站调车操作方式的,由列车调度员通知相关站段客运生产(服务)中心综控人员。

(2)调度集中分散自律控制模式为车站操作方式或非常站控模式的,由车站值班员(车务应急值守人员)通知相关站段客运生产(服务)中心综控人员。

2. 旅服系统实行本站控制模式的车站,需临时变更动车组列车固定办客股道时:

(1)调度集中分散自律控制模式为中心操作方式或车站调车操作方式的,由列车调度员通知相关站段客运生产(服务)中心综控人员,生产(服务)中心综控人员通知车站综控人员。

(2)调度集中分散自律控制模式为车站操作方式或非常站控模式的,由车站值班员(车务应急值守人员)通知车站综控人员。

3. 综控人员接到动车组列车变更固定办客股道的通知后,应及时维护旅服系统集成管理平台相关信息,通知有关作业人员,做好记录,并及时广播相关信息。

4. 旅服系统故障无法获取晚点信息时, 站段客运生产(服务)中心或车站综控人员应立即联系车站值班员(车务应急值守人员),由车站值班员(车务应急值守人员)根据列车调度员下达的列车运行计划将晚点信息通知客运生产 (服务)中心或车站综控人员,综控人员及时通知有关作业人员。

第 47 条 站内无空闲线路的特殊情况下接车的补充规定(《技规》第 290 条)

1. 在站内无空闲线路的特殊情况下,接入《技规》第 290 条指定的列车时,须经调度所值班主任(副)准许。

2. 接车前,列车调度员(车站控制时为车站值班员)应通知接车线内列车、机车、自轮运转特种设备司机,禁止移动。

3. 列车在机外停车后,车站应指派胜任人员,将接入线路、停留车位置及有关注意事项告知司机,登乘机车(推进运行时为前部车辆)以调车手信号旗(灯)将列车领入站内。

第 48 条 列车需在站内移动时的联系办法 (《技规》第 291 条)

1. 办理客运作业的动车组因故未到动车组停车位置标停车导致未完全停靠站台时,司机不得集控开门,不得擅自移动。司机应立即通知列车长、随车机械师,并报告列车调度员(车站值班员)。

列车长通知车站客运(值班)员,客运(值班)员确认站台安全后通知列车长,列车长通知司机重新对标停车。

若动车组无法再行移动时,司机通知列车长、随车机械师,列车长组织列车员或随车机械师手动打开已停靠站台侧车厢的车门,站车配合共同做好旅客乘降组织。

2. 办理客运业务的动车组以外的旅客列车因故未完全停靠站台后,机车乘务员要立即向列车调度员(车站值班员)报告停车情况及机车状态,并与车站客运值班员联系,未得到车站客运值班员的允许不得动车。

(1)列车乘务员停站作业时,应确认所在车厢是否停靠站台,如发现未停靠站台,严禁打开车门,立即报告列车长,并加强车门看护。

(2) 如站台客运人员确认全列部分载客车辆未停靠站台,客运值班员立即联系列车长,并在站台与列车长共同确认当次列车乘降状态。

①如确认全列未打开车门(列车长下车除外),列车长上车关好车门,车站客运值班员通知司机,司机再次起动列车,将列车停靠至规定位置。

②如确认已开部分车门,车站、列车应密切配合,停止旅客乘降,列车关好车门,车站做好站台相关人员防护,车站客运值班员通知司机,司机再次起动列车,将列车停靠至规定位置。如无法再次移动列车,列车调度员(车站值班员)应做好列车进路防护,组织车站、列车客运人员,有序引导旅客由停靠站台的车厢乘降,严禁在未停靠站台的车厢乘降。

3. 其他情况列车进站停车后需向前移动时,列车调度员(车站控制时为车站值班员) 应使用列车无线调度通信设备通知司机,使列车向前移动。

4. 出站(进路)信号机显示允许运行的信号但机车信号无法接码(车站固定无码股道除外)时,司机报告列车调度员(车站值班员),列车调度员或车站值班员确认信号开放正确后通知司机, 司机确认具备动车条件后,(动车组按目视模式)向前移动不少于 5m。如仍未接码,应停车报告;列车调度员(车站值班员)接到报告后,应通知电务处理。属于电务地面设备原因时,司机凭车站值班员的通知按规定开车。

第 49 条　其他规定

1. 动车组进入动车所时受电弓操作的规定。

(1)动车组列车入所检修时,须经过受电弓动态检测装置(SJ)进行检测,被检测的受电弓应隔次切换,以确保检测数据完整。

(2)入所前,在列车终到站,旅客乘降完毕关闭车门后,司机按随车机械师的通知要求,确认或换升受电弓进行入所作业。

(3)对未安装受电弓动态检测装置的动车所,动车组入所时仍按默认后弓方式运行。

(4)有其他特殊要求时,由车辆部门明确。

2. CTC终端设置特殊标注和核对进路序列的规定。

(1)对于有特殊运行要求的列车(如专特运列车、反方向运行、电力机车及其牵引的列车等),列车调度员须在列车运行调整计划中进行相应的特别设置和标注。

(2)在分散自律控制下(车站操作方式除外),因设备故障需要封锁线路时,由列车调度员负责对站内股道或区间施行“封锁”操作。

(3)在车站操作方式下,车站值班员应核对列车进路序列,发现列车进路序列与实际不符时,应立即报告列车调度员及时更正。

3. 接发列车作业的补充规定(《技规》第283条)。

(1)车次中的“G、C、D、DJ”分别读作“高、城、动、动检”,上述字母作为车次的一部分,在办理行车凭证、办理接发列车以及联系调度等有关行车事项时,不得省略,“电力”、“客车”用语不再戴帽;动车组自走行回送,车次前冠的“0D”读作“零动”,“电力”用语不再戴帽;使用内燃机牵引回送时,“内燃”用语按规定戴帽。

(2)因专、特运列车运输需要,有专、特运任务的车站应配备可移动的“机车临时停车位置”牌,遇专、特运列车停车位置有特殊要求时,由车站在接车线指定位置临时设置“机车临时停车位置”牌,便于司机确认停车位置。专、特运列车“机车临时停车位置”牌样式见下图。

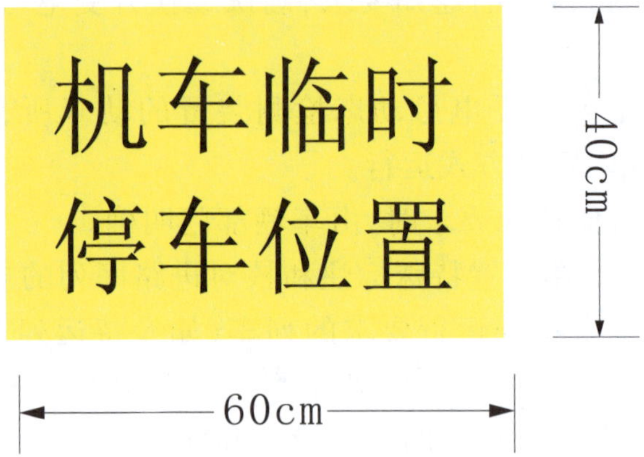

注:“机车临时停车位置”牌为黄底黑字,设置高度为距站台面高2m。

第七章　列车运行

第 50 条　车站与动车段（所）间行车办法的补充规定（《技规》第 303 条）

1. 车站与动车段(所)间按列车方式办理接发列车时,动车所有关行车作业按车站办理。办理接发列车预告时,应讲明线别。

2. 车站与动车所按调车转场办理时,调车进路须一次准备妥当,严禁分段办理。转场前,越出场的车站值班员须得到接入场车站值班员的同意后方可准备调车进路,接入场车站值班员在准备好调车进路后方可同意越出场办理转场作业。

联络线停有机车车辆或有红光带不灭时,禁止向其排列调车进路;联络线空闲后,当车站高速场(城际场)或动车所向其排列调车进路后,禁止其他方向再向其排列调车进路。

第 51 条　一站多场车站场间联络线行车办法的补充规定

场间联络线具备场间列车照查功能的,发车场开放信号前应取得接车场列车调度员(车站值班员)的同意,并确认接车场信号已开放,方可办理发车进路。

第 52 条　其他规定

1. 高速度级动车组在低速度级线路限流运行的规定。

时速 300~350 公里动车组在时速 250 公里及以下速度级客运专线、客货共线铁路或普速铁路运行时需采取限流运行措施。

时速200~250公里动车组在时速160公里及以下速度级的普速铁路运行时需采取限流运行措施。

具体限流运行区段和措施由车辆、供电、机务部门根据线路和车型制定并公布。

2. 线路所行车的补充规定(《技规》第358、359、374条)。

(1)动车组列车在区间需以隔离模式运行,遇前方为两线汇合为一线的线路所时,列车调度员在准许司机改按隔离模式运行前必须准备好该动车组列车在线路所的通过进路。

(2)动车组列车需以目视行车模式越过两线汇合为一线方向的线路所通过信号机的前一架信号机时,列车调度员在通知司机允许运行前必须准备好该动车组列车在线路所的通过进路。

3. 温州南站至瓯海站间动车组车底运行规定。

(1)进出瓯海站动车存车场5~10道存放的动车组,在温州南~瓯海站间应经由瓯海联络线运行。特殊情况下需经由杭深线运行时,由列车调度员按规定发布调度命令。

(2)温州南~瓯海站间瓯海联络线按自动站间闭塞法行车。未装备LKJ的动车组,按ATP的机车信号模式运行。装备LKJ的动车组按LKJ方式控车,列车调度员不再发布调度命令。

(3)受道岔侧向通过速度影响,动车组进出瓯海站动车存车场5~10道时,限速30km/h,由司机控制列车运行速度,列车调度员不再发布调度命令。

4. 温州南站多线区间列车运行分工。

(1)温州南站~温州南线路所间为四线行车。

温州南疏解线:分别运行金温线至杭深线(苍南方向)跨线运行的上下行动车组列车。

金温线:分别运行除温州南疏解线以外的上下行列车。

(2)温州南站~瓯海站间为三线行车。

杭深线:分别运行杭深线上下行列车。

瓯海联络线:运行进出瓯海站动车存车场5~10道存放的列车以及进出瓯海站货场的列车。

5. 列车运行的其他规定。

(1)按规定需在车站停车再开的旅客列车,司机必须按规定操纵列车停车,列车尚未停稳,如遇CTC系统自动触发开放出发信号时,司机也不得通过。

(2)动车组按列控车载设备方式行车,在始发站以及中途站进入站内停车再开,遇发车进路至一离去之间突发临时限速时,值乘司机须按调度命令的限速要求人工控制列车运行。

(3)开行动车组列车,车站与值乘司机不再交接《旅客列车编组顺序表》(客运统-1)和《旅客列车编组通知单》(客运统-1乙),但车站仍按原规定编制、保存和上传动车组《旅客列车编顺序表》及《旅客列车编组通知单》。

(4)列车始发、途中转换车次时,列车调度员(车站值班员、应急值守人员、应急行车人员)对CTC系统内的车次号必须认真确认、修改,并及时输入正确的列车车次;列车运行途中列车调度员应加强对车次号的确认,发现车次窗口条内车次与实际车次不符时,必须加强联系及时更正。

(5)遇特殊情况必须在未设置列控信息的股道及进路上接发动车组列车时,对装备LKJ的动车组列车,根据列车调度员改按LKJ方式行车的调度命令,转为LKJ方式行车。

确需在未设置列控信息的股道及进路上发出未装备LKJ的动车组列车时,改按隔离模式运行至前方站进站信号机(线路所通过信号机),按其显示的要求执行。确需在未设置列控信息的股道及进路上接入未装备 LKJ 的动车组列车时，须经列车调度员准许，并预告司机，司机接到预告后应控制列车在进站信号机外停车，根据调度命令改按隔离模式进站。

调度所、车站应将“CTCS2/3 级动车进路表”放置在有关行车调度台、行车室。

(6)货物列车在车站摘挂时，车站应急行车人员负责与列车司机办理货运票据的签字交接手续，并依据列车确报(列车编组顺序表)，逐辆核对在站摘挂车辆。货物列车开车前，应急行车人员按规定修改或重新编制列车编组顺序表，并与列车司机办理签字交接手续。

(7)高速铁路常态点灯的车站(线路所)向衔接的高速铁路车站(线路所)正方向发出动车组列车以外的列车、按 LKJ 控车的动车组列车、列控车载设备故障的动车组列车且该区间设区间信号标志牌时，须经列车调度员准许，并确认区间空闲。

(8)阜阳西郑阜场正线出站信号机未设有源应答器或到发线有源应答器故障情况下，动车组列车在阜阳西郑阜场上述线路采用 C2 部分监控模式向阜阳西线路所方向发车，且经郑阜高速上行线反方向运行时，司机在阜阳西郑阜场开车前向列车调度员申请列控车载设备转入隔离模式，列车以不超过 80km/h 速度越过该区间设置的电分相。

(9)列车由车站(场)出发或通过时，司机发现进路表示器灭灯时，通知列车调度员(车站值班员)。

第八章　限速管理

第 53 条　列控限速设置和取消的补充规定（《技规》第 310 条）

1. 列控限速值的补充规定。

列车调度员应根据电务部门提供的列控限速设置说明书中规定的限速等级，按照不高于限速值的原则进行设置。

电务部门须发布车站、中继站和动车段（运用所）列控中心限速管辖范围，并向集团公司运输部、调度所提供列控限速设置说明书，须特殊设置列控限速的车站应图示化说明。列车调度员应根据电务部门提供的列控限速设置说明书进行操作。

2. 列控限速设置和取消的规定。

(1)列车调度员应根据有关单位（人员）提出的限速申请或自然灾害及异物侵限监测系统的报警提示按规定设置列控限速。

①列控限速设置时机。

CTCS-2 级区段，列车调度员设置列控限速的时机：区间限速，应在后方站办理动车组通过或发车进路前发送；站内正线接发车进路限速应在本站办理动车组接车进路及限速站的后方站办理动车组接（发）车进路前发送；站内侧线接发车进路限速应在本站办理动车组接车进路前发送。

CTCS-3 级区段，列车调度员应及时设置列控限速。

②取消列控限速时机。

取消临时限速时，限速申请单位必须确认取消限速的条件已具备，并在《行车设备检查登记簿》销记后(防灾系统报警时的限速除外)，由列车调度员发布取消限速的调度命令和取消列控限速。

(2)列控限速设置或取消完成后，列车调度员应确认CTC终端对应区段限速显示是否正确，是否有报警信息等。发现报警信息时，列车调度员及时通知电务人员进行处理。

(3)列控限速取消命令须与要取消的列控限速设置命令的限速区段设置参数完全一致，不得对某一限速区段进行分段取消或覆盖取消。

(4)限速申请单位提出和登记的限速申请，限速的起始和终止里程不得在线路断链里程范围内，如实际限速起止点在断链中时，提出和登记的限速范围须包含整个断链。

(5)当车站列控中心复位后或者其他需要的初始化时，列车调度员(车站值班员)根据电务部门申请，在初始化操作前，由列车调度员确认列控中心管辖范围内无列控限速调度命令。如有列控限速调度命令，需重新发送原有的列控限速调度命令。

第54条 其他规定

无。

第九章　调车工作

第 55 条　无线调车灯显设备使用、维修及管理的规定(《技规》第 314、315、318 条)

1. 无线调车灯显设备由车务站段负责管理，制定“用、管、修”细则。

2. 固定无线调车灯显设备机车控制器的安装、拆除规定。

(1) 驻站调机使用的机控器及附属设备由司机负责保管，机车入段检修前，由机务段通知车站拆卸机控器及话盒，其他固定在机车上的附属设备暂由机务部门保管。机车厂修前，机务段应提前通知车站，车站应及时拆卸所有无线调车灯显设备并在机车出厂后按原位安装调通。

(2)固定替班调机上的灯显附属设备，由集团公司指定的车站负责安装，机务段负责保管。附属设备与机控器、机控器与机车监控装置的连接由车站负责。替班调机作业完毕后，有关车站应将机控器及话盒取回。替班机车厂修前，机务段应通知负责安装的车站并安排机车到站进行拆卸。

3. 便携机车控制器的安置、连接的规定。

未安装无线调车灯显设备机车控制器的机车，担当调车作业时可使用便携机车控制器。作业开始前由调车指挥人将便携机车控制器送上机车，安置在适当位置与列车运行监控装置连接，并试验良好后方可作业；作业完了后由调车指挥人取回。

在作业中变更机车运行方向需要移动、重新连接机车控制器时，由机车乘务员将便携机车控制器移至需要位置，并负责连接。

4. 使用无线调车灯显设备调车作业的规定。

(1)使用无线调车灯显设备调车作业时应执行单一指挥的原则，指挥机车的调车指令和用语，只能由调车长发出，发现危及人身、行车安全时，其他调车人员应立即发出停车指令或用语，停车后有关人员要报告原因。

(2)信号显示(指令)必须正确及时，用语标准，吐字清晰，严格执行调车联控制度，不得用无线电台讲与工作无关的事情。

(3)当灯显设备故障时，应停止调车作业，重新布置安全事项后，由调车指挥人通知调车领导人、机车乘务组、调车人员，改用调车手信号作业。

(4)固定调机接班后、本务机作业前以及作业中等待间隔时间超过 1h，以调车指挥人为主，向电台使用人员逐个呼叫发讯，经对方通话和色灯显示试验良好后方可使用(固定调机作业前电台试验，由各使用单位根据具体情况确定)。调车作业中不准更换灯显电台，确需更换时，必须停车并重新试验；调车作业中遇机控器重启时，司机应通知调车指挥人，调车指挥人应重新组织试验。

第 56 条 编制、传达调车作业计划的补充规定(《技规》第 316 条)

1. 调车作业计划的编制方法。

调车作业通知单应采用计算机或手工编制。

2. 调车作业计划的编写内容和编写要求。

调车作业通知单内容应包括月、日、顺号、调车组别、作业内容(编组或解体车次)、起止时分、运用股道、作业方法、摘挂车数(包括10辆及其以上的摘挂车号码)、注意事项及特殊限制等。

旅客列车甩挂作业，调车领导人编制调车作业计划时，须认真核对调度命令、甩挂车车号及位置,并在调车作业通知单内注明甩挂车车号。

使用电力机车调车应注明“电力”字样。

穿越正线调车,应在调车作业计划上注明穿越正线符号。

示意图上应注明作业线路停留车位置(岔线除外)。

3. 调车作业计划交接、传达的规定。

(1)列车调度员担当调车领导人时,编制完调车作业计划后,下达到相关车站的自律机,并通过调度命令无线传送系统下达到相关作业机车。调车组及作业机车司机通过车务终端或调度命令无线传送系统获得调车作业通知单。调车指挥人通过车务终端取得调车作业通知单后,要及时与列车调度员联系,听取有关作业布置和注意事项。

(2)车站人员担当调车领导人时,编制完调车作业计划后,应与调车指挥人亲自交接,由调车指挥人将调车作业计划交于调车人员、机车乘务员人手一份。

(3)距调车领导人、调车指挥人较远的信号操纵、扳道人员,送交书面计划确有困难时,可电话传达。接受者必须逐钩记录、复诵和复核。

(4)打印的调车作业通知单,只传达重点事项。复写的调车作业通知单和准许以口头方式布置的调车作业计划,必须逐钩传达。连续以口头方式布置计划时,必须一批作业完了后,方可布置下一批。传达计划时,必须认真听取接受者复诵。没有计划、计划不清、接受者不复诵,不准作业。

(5)调车作业计划下达前,中间站站长(行车干部)必须进行审核并签姓名,并使用“调车关键程序控制表”(附表5)对调车进路、停留车辆防溜等调车重点工作进行把关和检查,使用后的“调车关键程序控制表”应保存一年。

4. 书面调车作业计划的符号规定如下:

[+]–挂车;[—]–摘车;[0]–转头;[≠]–穿越正线;[G×]–三角×;其他作业符号由车站自行规定。

第57条 动车段(所)内调车作业的补充规定(《技规》第314~317、321条)

动车段(所)按普速铁路管理,执行《行规》相关规定。

第58条 调车作业联系的补充规定(《技规》第314、315、317~319条)

1. 调车作业联系和确认信号的基本要求。

(1)集中区。

①调车作业时,应执行钩钩联系制度。每钩作业前,司机(调车指挥人)应主动向列车调度员(车站负责办理调车进路时为车站值班员或车务应急值守人员)请求进路;作业中没有请求进路,不得排列进路、开放信号。进路准备妥当后,列车调度员(车站值班员或车务应急值守人员)方可通知司机(调车指挥人)。遇调车信号机故障时,列车调度员(车站值班员或车务应急值守人员)通知司机(调车指挥人)进路准备妥当时一并告知故障调车信号机号码。

②执行“转头(经由站内股道)”的调车作业计划,应按进路、出路分段执行联控。

(2)非集中区。

①单机或机车牵引运行时,由司机要道;推进时,由负责确认进路的调车人员要道。未得到扳道人员的股道号码和道岔开通信号,不准越过警冲标(对向道岔为尖轨尖端)。

②要道还道时,一律出×道要×道,进×道要×道,调车进路上有两名及其以上扳道员时,应实行"人工联锁",由靠近机车或车列的扳道员依次由近而远的要道,由远而近的还道,你扳我看,顺序复检,得到进路开通的联系信号(股道号码与"好了"信号)后,方可向司机或调车人员显示股道号码和道岔开通信号。

③道岔由使用单位按规定加锁。无扳道员管理的道岔,由指定的人员(综合维修基地、网工区、段管线为管理、使用单位指定的人员)负责扳道和要道还道。涉及几个单位自轮运转特种设备进出的综合维修基地,原则上由工务单位负责扳道和还道,执行上述要求有困难时,共用单位应与工务单位签订协议明确作业要求。

④遇机车车辆压上道岔或越过警冲标时,动车前,均应执行要道还道制度。

2. 经无调车信号机防护的道岔作业的规定。

未设调车信号机时,列车调度员(车站值班员或车务应急值守人员)应将相关道岔操纵至所需位置并单独锁闭,在调车进路准备妥当后通知调车指挥人(司机)。

3. 机车车辆不能出清轨道电路需原路返回作业的规定。

遇有特殊情况,机车车辆不能出清轨道电路,需要原路返回时,列车调度员(车站值班员或车务应急值守人员)确认道岔开通位置正确,并对道岔进行单独锁闭后,方准同意;调车指挥人必须得到信号操纵人员的允许并通知司机进路道岔开通情况后,方可显示起动信号;司机凭调车指挥人的通知和起动信号动车。

4. 集中联锁设备停用时的要道还道办法。

集中联锁设备停用时,原则上不办理调车作业,确需办理时,车站应指派胜任人员担当扳道员,并执行非集中区准备进路和要道还道规定。

第 59 条 尽头线、曲线调车作业的补充规定(《技规》第314 条)

1. 尽头线应安装挡车器(设有尽头站台装卸汽车等车辆的线路除外)。

2. 尽头线停留机车车辆时,原则上与车挡保持 10m 以上距离。

3. 尽头线调车,遇特殊情况须进入距线路终端(挡车器)10m 以内或挂取距线路终端(挡车器)不足 10m 的车辆时,必须在距线路终端(挡车器)或停留车 10m 处一度停车,通知司机,速度不超过 5km/h。

4. 除利用尽头站台装卸汽车等车辆外,不准利用尽头10m 线路装卸作业。

5. 曲线挂车时,应事先调整钩位。

第 60 条 施工路用列车、自轮运转特种设备调车作业的补充规定(《技规》第 318 条)

1. 施工路用列车、自轮运转特种设备调车作业时,由施工(使用)单位或所属单位提供调车动力和调车人员。

调车人员须委托车务段、直属站进行培训,并经考试鉴定合格后,由使用单位任免。

2. 施工路用列车、自轮运转特种设备调车作业时,由施工(使用)单位提出申请,调车领导人根据请求按规定编制调车作业计划。参加调车人员应熟悉车站行车设备和掌握相关作业办法。

3. 自轮运转特种设备不得担当车站的调车作业。

第 61 条 调车作业中的补充规定(《技规》第 314~316、

318条)

1. 列车调度员(车站值班员或车务应急值守人员)应根据CTC终端(计算机联锁控显终端)显示随时掌握机车车辆动态,按照规定的操作程序准备进路和监督作业,并在调车作业计划上逐钩抹消,防止错办误办。

2. 在同一线路内连续连挂作业时,如车组间隔距离不大于十车,可以不超过5km/h的速度不停车连续连挂(超过2.5‰下坡道的线路除外);车组间距超过十车时,必须试拉后再继续连挂。连续连挂作业时,每个连结处均应检查确认,最后一组(辆)禁止连续连挂。

调车作业中不准以顿钩代替试拉。连续连挂最后一组车后及推送车辆运行前、编组列车及列车摘挂的最后一钩作业完了必须试拉。

推进调车时,被连挂车辆距警冲标不足30m时,连挂前必须一度停车,并应将道岔开通调车的线路。

调车信号开放后,原则上不准取消。特殊情况必须取消时,应先通知司机和调车指挥人,并得到已停轮的报告后方可取消。

第62条 调动乘坐旅客的车辆及空客车的补充规定(《技规》第244、245、314、315、317、318条)

1. 调动乘坐旅客车辆的规定。

原则上不得调动乘坐旅客的车辆,确需调动时,连挂前一度停车,确认防护信号撤除,并通知列车员锁闭车(端)门后方准连挂。

2. 旅客列车中途摘挂车辆的规定。

(1)车站值班员应通知车站客运人员需进行甩挂作业的列车车次、辆数、股道、位置及注意事项等。

(2)车站客运人员及时将有关事项转告列车长,列车长及时通知列车工作人员锁闭有关车门和端门后,报告车站客运值班员。

(3)客运值班员报告车站值班员,车站值班员接到报告后,布置调车指挥人进行作业。

(4)中途站加挂客车时,由客列检将调度命令转交车辆乘务员,无客列检作业时由车站值班员指派人员转交车辆乘务员。

(5)旅客列车摘挂车辆,原则上应在始发、终到站进行。因特殊原因必须在中途站摘挂时,车站须指派干部现场重点监控,进行摘挂作业时,必须连接全部软管,在距停留车 10m 处一度停车,并以不超过 3km/h 的速度进行连挂。

3. 动车组以外的旅客列车终到后调动车底的规定。

(1)车站客运人员确认旅客乘降以及上水、吸污、邮政和行包作业完毕后,报告车站值班员。

(2)车站值班员接到客运、客列检等部门作业完毕的汇报后,通知调车指挥人,调车指挥人得到车站值班员旅客列车车门关闭的通知后进行连挂。准许调车车列事先进入旅客列车停车线进行等待。

4. 空调旅客列车在解编调车作业前,应通知车辆段派人摘解车端电气连接线。

5. 对装有密封风挡的客车进行甩挂作业前,必须通知车辆部门;由车辆人员负责风挡的摘解和渡板的处理,处理完毕后,通知调车人员,方可进行甩挂作业。

6. 对密接式车钩和集中供电车列调车作业时。

(1)集中供电车列的调车作业,其车辆的摘挂和软管的摘结由调车作业人员负责;其他由列检人员负责,无列检作业的由车辆乘务员负责。

(2)密接式车钩调车时,应通知列检人员(车辆乘务员)到场并打开车门,以便于调车作业。

摘车时,调车人员应确认软管及电气控制连线等装置均已摘开,并将车钩扳手扳开且固定后,方可扳动车钩、摘开车辆。

(3)使用中间体过渡车钩进行调车时,一次调车连挂客车不得超过4辆,运行速度不得超过15km/h;中间体过渡车钩的拆装由车辆部门负责。

7. 联系用语的规定。

客运值班员在确认旅客上下完毕并关闭车门后通知车站值班员,用语为:"运转,××次客运作业完毕,客运××(姓名)",车站值班员接到通知后应复诵:"××次客运作业完毕,运转明白";车站值班员通知调车指挥人,用语为:"×号,××次客运作业完毕",调车指挥人应复诵:"××次客运作业完毕,×号明白"。

第63条 越出站界调车作业的补充规定(《技规》第319条)

1. 动车组越出站界调车时的联系汇报制度。

动车组越出站界调车时,列车调度员(车站值班员)确认动车组全部进入区间后,通知动车组司机停车,司机换端后报告列车调度员(车站值班员),列车调度员(车站值班员)接到司机问路请求后方可排列进路,开放信号。

2. 动车组越出站界调车时选择控车模式的规定。

办理动车组越出站界调车,只准开放列车信号办理进、出站。出站时司机采用CTCS-2部分监控模式(开放出站引导信号时采用引导模式),进站按CTCS-2调车或目视模式。

3. 其他规定。

出站兼调车信号机常态灭灯时，当办理股道调车进路时，作为同方向起阻挡用的出站兼调车信号机自动点亮红灯，调车作业结束后，应及时人工办理灭灯操作。

第 64 条 停止调车作业和对列车运行安全有影响的作业时机的规定(《技规》第 319 条)

接发列车时，除动车组调车作业外，接车时应于邻站开车(通过)时(区间运行时间不足 10min 的，应提前 10min)，发车时应不迟于列车出发前 10min，停止影响列车进路的调车作业和对列车运行安全有影响的其他作业。动车组调车时，应提前 3min 停止影响列车进路的作业。

第 65 条 机车车辆停留的补充规定(《技规》320、321 条)

1. 有动车组以外的旅客列车上线运行的高速铁路(200km/h 客货共线铁路除外)、杭深线云龙站至台州南杭深场间，在动车组运行时段，准许在车站到发线停留抢修、救援的轨道车(接触网作业车)以及临时甩下的故障车。

200km/h 客货共线铁路，准许机车车辆在车站到发线停留。

停留的线路原则上与动车组通过进路隔线或隔站台停放。

停留的线路与动车组通过进路能够隔开时，应将道岔开通至隔开位置。停留的机车车辆距警冲标不得少于 50m。

2. 仅运行动车组列车的高速铁路，在动车组运行时段，准许在到发线停留抢修、救援的轨道车(接触网作业车)。

停留的线路原则上与动车组通过进路隔线或隔站台停放。

停留的线路与动车组通过进路能够隔开时，应将道岔开通至隔开位置。停留的机车车辆距警冲标不得少于50m。

3. 其他规定。

(1)停留的机车车辆应按规定采取防溜措施,轨道车(接触网作业车)在车站停留时还须由使用单位派人负责看守。

(2)轨道车(接触网作业车)在股道内开车或调车前,司机必须得到列车调度员(车站控制时为车站值班员)"发车(调车)进路准备妥当"的通知。

(3)当日接发首列动车组列车前,车站安排人员对到发线上停留车辆的防溜措施进行检查,其后每间隔6小时检查一次,并做好检查记录(按规定派人看守时除外)。

第66条 防止停留机车车辆溜逸的补充规定(《技规》第320~322条)

1. 停留机车、自轮运转特种设备防溜的规定。

(1)机车在站停留时,须保持空气制动。遇柴油机停机、接触网停电等情况造成空气压缩机不能工作,在机车总风缸压力低于规定压力值前,还须拧紧人力制动机或实施弹停制动,并设置铁鞋防溜。

(2)自轮运转特种设备(施工路用车辆)在车站无动力停留时,应拧紧两端人力制动机,并以铁鞋牢靠固定。

2. 列车或车列摘开机车的规定。

(1)到达列车,列车进站停车,司机应使全列自动制动机保持制动状态后,方可摘开机车。车站应按规定及时(不超过20min)对车列或停留的车辆采取防溜措施。在车站折角(返)、换挂机车以及终到后进行调车作业的列车,机车立即(不超过20min)挂头时,车列自动制动机处于制动保压状态下,对该车列可不采取其他防溜措施;车站折角(返)、换挂机车超过20min挂头时,允许在车列一端采取一种防溜措施,终到后进行调车作业的列车超过20min挂头时仍按规定采取防溜措施。

设置、撤除客车人力制动机时，客车随车人员应配合打开车门。

(2)综合维修基地、网工区、段管线停留的机车车辆，由管理、使用单位负责防溜措施的设置和撤除（车站担当取送作业时除外）。

3. 列车防溜的规定。

旅客列车以外的列车（不含自轮运转特种设备、施工路用车辆）在车站无动力停留需要防溜时，列车前端（第一位机车）防溜由司机负责，列车后端防溜由车站负责。

4. 因作业需要撤除防溜措施的规定。

因车辆进行技术检查或故障处理等作业，列检（维修）人员在撤除车站采取的防溜措施前，应根据检修作业的要求，按规定重新设置防溜措施，技术检查或故障处理完毕，应及时恢复原防溜措施。

5. 电气化区段，对不能采用人力制动机防溜的车辆，应使用人力制动机紧固器防溜。

6. 防溜器具管理的补充规定。

(1)车站到发线使用的防溜器具应集中保管在车站行车室备品箱内并加锁，货场及其他线路上使用的防溜器具应集中保管在车站规定地点的备品箱内并加锁。到发线防溜器具领取、交回，防溜措施设置、撤除均应在《行车设备检查登记簿》内登销记。

(2)到发线作业人员领取防溜器具时应在《行车设备检查登记簿》内登记，注明登记时间、申领数量、防溜器具使用的股道、编号，向车站值班员（车务应急值守人员）提出申请，经双方签名后，方可使用；防溜器具交回后，有关作业人员应在《行车设备检查登记簿》内销记，共同清点数量、编号无误，确认状态良好后分别签认。

(3)到发线作业人员设置或撤除防溜措施后，应立即报告车站值班员（车务应急值守人员），车站值班员（车务应急值守人员）须在行车室对停留车及其防溜情况进行揭示。对一批作业结束后采取的防溜措施，应在《行车设备检查登记簿》内登记，双方进行签认；作业人员撤除防溜措施后，应在《行车设备检查登记簿》内销记，双方进行签认。

(4)货场及其他线路防溜器具领取、交回，防溜措施设置、撤除均应由作业人员报告车站规定的人员，由车站规定的人员及时进行防溜揭示。具体办法由车务站段制定。

第 67 条 其他规定

1. 动车组调车作业必须在调车车列全部越过折返阻挡调车信号机后，方准办理下一钩调车进路，严禁压岔、压轨道绝缘节调车。

2. 列车临时甩挂故障车、事故车时，列车调度员应提前布置有关站段，组织调车人员赶赴车站进行调车，由临时指派的调车人员组织调车。

3. 转场作业规定。

(1)转场作业前，应办理转场手续（使用行车对讲电话进行联系，无法通过行车对讲电话联系时可采用自动电话），并作成记录。每次联系仅限办理一次转场作业。

(2)接入场应在本场进路准备妥当后，方可向越出场发出同意接车密码；越出场须得到接入场同意接车密码后，方可准备本场进路。

4. 台州南杭深场调车作业补充规定。

(1)车站货场内的非电气集中道岔，由调车组负责扳动。在H2、H3号道岔加锁不需扳动的情况下，司机可凭调车指挥人的通知和起动信号越过道岔。调车作业结束后，应及时将34号道岔开通货物线并单独锁闭。

(2)调车作业人员必须横越正线时，调车作业人员与车务应急值守人员执行安全联控，确定允许横越线路的时间，经车务应急值守人员同意，确认无列车通过后方可在指定的时间段横越正线。

5. 200km/h客货共线铁路车站上道作业的规定。

200km/h客货共线铁路动车组运行时段，车站因调车、上水、摘挂列尾、试风等作业需要上道(不含上道除雪和人工准备进路)时，应遵守以下规定：

(1)横越站内正线、到发线时，作业人员应使用对讲设备与车站值班员执行安全联控，征得车站值班员同意后，方可在同意时间内横越线路。车站值班员确认无列车通过，方可同意横越线路。

(2)列车通过前10min，作业人员禁止在邻靠列车通过线路一侧作业，避车地点必须与列车通过进路隔线或隔站台。

6. 动车组进出客整所调车作业补充规定。

动车组进出客整所均采用自走行方式。

动车组进出客整所的调车作业，车站值班员与客整所车辆值班员应建立密码联系制度。客整所车辆值班员必须确认所内平过道栏门已处于关闭，影响进路的上水、吸污等作业已停止，进(出)所条件具备后方可发出密码。车站值班员得到密码后方可开放调车信号。遇客整所内相关作业需要接触网停电时，客整所车辆值班员停电前应征得车站值班员同意，方可操纵隔离开关，车站值班员按停送电规定，揭挂“停电”表示牌。恢复送电后,客整所车辆值班员应通知车站值班员。

动车组在温州南客整所 K1~K3 道以及临修线调车作业时限速 30km/h。

7. 车站调车操作方式下车站调车作业的补充规定。

在车站调车操作方式下,调车作业在不涉及正线、到发线使用及不影响列车进路的情况下,由车站自主按规定安排调车作业;对涉及正线、到发线使用的调车作业,车站需提前报告列车调度员,经列车调度员准许后方可进行调车作业。列车调度员应利用调度站场操作终端,加强对调车作业占用正线、到发线情况的监视,遇列车进路与调车进路无法形成隔开时应人工干预,禁止通过 CTC 自动触发列车进路,必要时,通知车站停止调车作业。

8. 在旅客列车运行时段内,准许临时抢修使用的轨道车进行调车作业;综合维修基地、网工区、段管线线路与车站线路间的隔开设备处于隔开位置时,准许在综合维修基地、网工区、段管线内进行调车作业;调车线、货物线与正线、到发线间的隔开设备处于隔开位置时,准许在调车线、货物线进行调车作业;正线、到发线上的调车作业按《技规》第 319 条规定执行。禁止调车人员在邻靠正线一侧进行调车作业。

9. 各接触网工区应配有具有升降装置的接触网作业车。接触网作业车应经常处于整备待发状态,其工具备品应保证齐全整洁,作用良好。接触网作业车的停车线,原则上不准停放其他车辆。

10. 侵限绝缘相邻的道岔区段,禁止停留机车车辆。对设有侵限绝缘轨道电路处所,控制台操纵人员必须认真确认机车车辆停留位置并确认进路开通正确,遇机车车辆压侵限绝缘时禁止办理与侵限绝缘有关的交叉进路。

需经由侵限绝缘相邻的道岔区段办理平行进路时,原则上不准采用道岔单独锁闭方式准备进路;确需使用道岔单独锁闭方式准备进路时，应确认邻线上防护道岔处于规定位置。

第十章 施工维修

第 68 条 向施工封锁区间开行路用列车的补充规定(《技规》333 条)

1. 向施工封锁区间开行路用列车,任意一端进入超过一列时的安全措施及运行办法。

(1)特殊情况每端进入需超过一列时,施工单位应在提报的施工(维修)计划中注明路用列车发站、到站及各自作业地点,但不得超过两列。

(2)集团公司有关专业部门须在施工前制定完备的安全防护措施,作业单位按规定指派干部把关,确保措施得到有效落实。

(3)作业主体单位负责人统一划分各单位路用列车的作业范围及分界点(两个单位施工路用列车的间隔不得小于500m),各作业单位必须按规定分别进行防护。

(4)施工负责人须在先发列车到达指定停车地点停妥,并设好停车防护后,方可通过驻站联络员向车站值班员(列车调度员)申请开行续行列车。

(5)区间作业完毕,两列路用列车需到达同一车站时,施工负责人应逐列取得车站值班员(列车调度员)的同意后,方准同意路用列车动车。车站值班员(列车调度员)应确认前列路用列车到达车站后,方可同意后列路用列车开车。

2. 同时封锁站内线路和区间开行施工作业车的运行组织办法。

路用列车跨越站界施工、维修采用站界外移方式作业时，应封锁运行进路上的区间、道岔和股道，同时必须固定进路，将车站两端进路上的所有道岔开通路用列车占用的线路并单独锁闭，路用列车均到达车站前禁止扳动该进路上的道岔。

施工主体单位通知电务段对进站信号机安设无效标，区间不再设置临时站界标。

列车调度员根据申请，发布调度命令，内容应包括临时站界的位置和起讫时间等。站界外移后，施工、维修作业均按站内施工办理，施工车辆在封锁地段的移动均按站内调车作业办理。

3. 其他规定。

(1)路用列车进入封锁区间动车前，作业单位指派人员现场确认道岔开通位置正确。

(2)在区间推进运行时，必须安装简易紧急制动阀，施工单位指定值乘人员登乘列车前端，认真瞭望，及时与司机联系，必要时使用简易紧急制动阀停车或使用列车无线调度通信设备通知司机停车。

(3)路用列车必须整列进站、出站。施工作业完毕，驻站联络员须确认整列完整返回车站后，方可申请办理开通。

(4)路用列车需由区间返回车站时，司机须得到列车调度员(车站值班员)的同意，并确认进站信号开放后方可进入站内。列车调度员(车站值班员)同意前，必须确认站内各专业作业完毕，办理开通手续后，方可按规定准备进路，开放进站信号。

(5)在车站信、联、闭设备良好的前提下，列车调度员(车站值班员)应开放调车信号(未设调车信号的车站，可开放出站信号)锁闭进路,路用列车进入封锁区间的行车凭证仍为调度命令。路用列车司机在得到列车调度员（车站值班员）“××(次)××(站)×道(反方向)发车进路好了”的通知后,方可起动列车进入封锁区间。

(6)路用列车需跨线路所作业时,在将线路所道岔置于开通作业线路的位置并单独锁闭的情况下,列车调度员方发布封闭线路所合并区间的调度命令,准许列车司机凭调度命令越过关闭的线路所通过信号机。路用列车到达车站前,禁止扳动线路所道岔。

第69条 确认列车开行的补充规定（《技规》334、335条）

1. 确认列车组织及工作分工。

(1)开行确认列车的动车组,出库前按规定进行检查,确保确认列车出库质量达到上线运营要求。

(2)确认列车由机务部门安排司机、车辆部门安排随车机械师担当乘务。工务专业人员担当确认列车负责人。

(3)电务(含信号、通信)、供电设备管理单位,遇下列情况,应指派胜任人员添乘确认列车。

凡进行更换列控软件(含 RBC、TSRS)升级、数据修改和应答器报文修改的施工作业,施工结束后由电务信号专业人员添乘确认列车。已安排试验列车进行验证的不再添乘确认列车。

凡进行 GSM-R 网络中的 MSC、BSC、基站设备软件升级、数据修改、硬件更换,以及机车综合无线设备(CIR)软件版本升级的施工作业,施工结束后由电务通信专业人员添乘确认列车。

凡接触网更换整锚段承力索(接触线)施工作业,接触网故障恢复后几何参数发生变化、导线损伤或有临时接头，特殊运输任务需要以及集团公司临时要求添乘时，由供电专业人员添乘确认列车。

电务(含通信)、供电添乘计划必须提前报电务、供电部审核后，书面报调度所电务、供电调度转报值班主任(副)，由值班主任(副)通知相关列车调度台。

(4)工务、电务(含信号、通信)、供电等设备管理单位，应根据设备管界划分，按规定指派胜任人员添乘确认列车。

(5)确认列车开行区段涉及二个及其以上设备管理单位的，可协商委托相关设备管理单位履行添乘职责。

(6)设备属于外局调度区段管辖，应执行相关集团公司确认列车管理的规定。集团公司业务部门可协调相邻局，指导站段与邻局相关单位签订协议，委托邻局相关设备管理单位履行添乘职责。

(7)参加确认列车添乘工作的人员，应具有 2 年以上专业工作经历，经过高速铁路相关知识培训并考试合格。有关站段负责对参加添乘人员的资质进行审查，添乘的人员应相对固定，名单报集团公司业务部门备案。

(8)参加确认列车添乘检查的人员应提前掌握本专业当日施工(维修)作业地点和影响范围，携带相关设备和资料登乘确认列车。

(9) 所有添乘确认列车人员须携带动车组登乘证件，从操纵端司机室后车厢的站台侧门上下车。

(10)添乘确认列车人员统一在确认列车始发站上车。随车机械师负责查验添乘确认列车人员证件，制止闲杂人员及其他无关人员登乘确认列车；负责开启和关闭操纵端司机室后车厢站台侧车门。

(11)确认列车负责人应携带“确认列车添乘表”(见附表3)和“高速铁路确认情况记录表”(见附表4)。各单位添乘人员须在列车开车前15min到达并在“确认列车添乘表”中签到。确认列车始发前,确认列车负责人向司机汇报添乘人员到齐,司机与列车调度员联系开车。

(12)添乘人员负责检查分管设备的质量状况,及时向确认列车负责人汇报添乘确认信息并做好记录。

2. 确认事项及内容。

(1)工务部门。

①确认天窗后线路质量是否满足动车组正常运行。

②确认路材路料是否按要求堆码整齐并清出限界。

③确认施工机具是否全部清理完毕。

④确认防护栅栏等防护设施是否完好。

⑤确认限速处所是否按规定设置限速标志。

⑥确认路基、路堑护坡是否有危及行车安全的现象等。

⑦确认是否存在危及安全和影响行车的其他事项。

(2)供电部门。

①确认接触网上无异物或侵入限界。

②确认接触网无脱、跨现象。

③确认接触网有无异常晃动情况。

④确认接触网施工车辆、机具是否清理完毕。

⑤确认接触网电压是否正常。

⑥确认是否存在危及安全和影响行车的其他事项。

(3)电务部门。

①确认地面应答器信息是否正确

②确认码序是否正确。

③确认ATP设备工作是否正常。

④确认接车进路预告是否正常接收。

⑤确认 GSM-R 通信是否正常。

3. 确认报告制度。

(1)所有参加确认的人员必须按规定的时间、确认事项和内容报告确认情况。

(2)确认信息报告程序及时间。

①异常情况:发现影响列车运行的确认信息由添乘人员通过司机随时向列车调度员报告,添乘人员同时还应向集团公司专业调度和本单位调度报告,并填写“高速铁路确认情况记录表”。

②正常情况:添乘人员于添乘到达确认区段终点后及时分别向集团公司专业调度和本单位调度汇报,并填写“高速铁路确认情况记录表”。

有关站段应建立确认列车确认情况登记簿,记录确认情况。发现影响行车安全的问题时,应根据情况采取相应措施。

4. 其他规定。

高速铁路施工、维修作业天窗结束后,第一趟不准开行载客的动车组列车。确认列车开行方案纳入列车运行图。运行动车组的联络线是否开行确认列车,由列车运行图安排。

第 70 条　其他规定

1. 邻靠站台线路施工的补充规定(《技规》第 143 条)。

(1)车站用于接发动车组且邻靠站台的线路,遇可能影响限界的站台、线路施工时,施工方案须同步报集团公司工务部、土房部审核。

(2)施工单位要在施工前会同工务、房建部门共同对限界进行测量,确认限界现状,制定施工中防止侵限措施,报房建单位审核。

(3)竣工验收时要会同工务、房建部门共同复查限界情况,满足建筑限界要求后,方可恢复接发动车组列车。

2. 与牵引供电带电设备距离的补充规定(《技规》第185条)。

(1)除牵引供电专业人员按规定作业外,任何人员及所携带的物件、作业工器具等须与牵引供电设备高压带电部分保持2m以上的距离,与回流线、架空地线、保护线保持1m以上距离,距离不足时,牵引供电设备须停电,并采取安设接地线(指所有可能来电方向进行验电、挂接地线,下同)等安全防护措施。

(2)电气化铁路区段,具有升降、伸缩、移动平台等功能的机械设备进行施工、检查、养护、装卸等作业时,作业范围与牵引供电设备高压带电部分须保持2m以上距离,与回流线、架空地线、保护线保持1m以上距离,距离不足时,牵引供电设备须停电,并采取安设接地线等安全防护措施。

(3)作业人员在距离牵引供电设备高压带电部分不足2m,与回流线、架空地线、保护线不足1m的建筑物或构筑物等设施设备上作业或应急处置前,牵引供电设备停电后,必须采取停电、安设接地线等安全防护措施后方可作业。作业时,必须设专人防护不得越过接地线防护范围;作业后,作业负责人要确认所有作业人员进入安全区域内方可通知正式完工。作业销令或接地线拆除后,严禁再次进入作业点进行任何与牵引供电设备有关的作业或应急处置。

(4)在距牵引供电设备高压带电部分2m以外,与回流线、架空地线、保护线1m以外,邻近铁路营业线作业时,牵引供电设备可不停电,但须按照铁路营业线施工安全管理有关规定执行。

3. 整锚段更换接触网施工作业放行列车条件。

接触网更换整锚段承力索，更换整锚段接触线，接触网故障恢复作业后几何参数发生变化、导线损伤或有临时接头时，开通后速度不超过 160km/h；经对接触网调整后，限速不超过 200km/h；再经精调、检测车检测合格，恢复正常速度。

4. 非牵引供电部门与供电部门施工配合的规定。

(1)凡经集团公司批准的施工项目，施工单位应于施工前向需配合的单位发出“施工配合通知书”，协商制定作业办法和安全措施，配合单位应保证施工按期进行。

(2)下列作业由供电部门配合进行。

①《铁路工务安全规则》及《工务供电联控办法》规定的项目。

②电务部门在更换中性点联结片需拆开吸上线时。

(3)临时发现危及行车安全的钢轨、辙叉心重伤及信号、通信等设备故障时，有关单位接到通知后，应立即赶赴现场配合。

(4)禁止在同一地点将两股钢轨同时拆下，如必须拆下时要按有关规定在钢轨两断点间安设短接线，该供电单元内禁止电力机车、动车组运行。

线路换轨如需拆卸地线时，应有供电人员配合，待换轨后，须保证地线接地良好。

大机捣固、清筛施工，遇有拆除轨道电路，须保证吸上线、回流线畅通。

5. 接触网检修时防护的补充规定。

(1)使用接触网作业检修车或车梯检修接触网时，须设现场防护员及驻站联络员，并按规定进行防护。大型养路机械作业需拆除吸上线时，由供电部门配合。

（2）车梯在施工、维修封锁区域内使用时按小车办理，不办理请求使用手续，驻站联络员应随时了解列车及调车情况，及时向作业负责人和车梯防护员通报。车梯在道岔区作业影响多条线路行车时，随车移动的车梯防护员应随时向驻站联络员或作业负责人通报车梯位置。路经非指定的检修或施工线路、道岔时，则按轻型车辆办理有关申请手续。

6. 施工、维修补充规定。

（1）因行车设备施工、维修作业需要，集控站转为车站调车操作方式、车站操作方式或非常站控模式时，转换时机不得早于当日最后一趟列车（配合施工、维修的作业车除外）到达前方站时间；施工、维修作业结束后，列车调度员应布置集控站转回原基本操作方式，转回时机不得晚于当日确认列车邻站开车时间。

（2）施工作业时，施工单位和设备管理单位应采取措施，保证施工作业人员和邻线列车安全，作业人员和机具须严格遵守避车制度。非施工作业时，严禁各类人员上道。

（3）RBC、CTC/TDCS调度中心、GSM-R核心网、数调主系统、临时限速服务器等中心设备施工范围（包括影响范围）跨列车调度台时，申请施工计划时应注明在调度所某一行车调度台办理登销记。施工作业时，统一由办理登销记的行车调度台发布施工调度命令，并转发至其他相关行车调度台，相关行车调度台应转发至影响范围内的车站。

第十一章　恶劣天气行车

第 71 条　雨天行车的补充规定(《技规》第 25、345~348 条)

1. 当降雨量达到临界值时,装设灾害监测系统雨量监测子系统的高速铁路,监测终端自动报警,自动生成限速里程及限速值。工务单位调度员应根据报警信息立即通知相关工区人员进行冒雨检查,调度所工务调度负责督促巡查工作。

2. 工务单位应根据集团公司防洪相关规定,执行降雨量(洪水位)警戒防范制度,做好冒雨巡查和汛期防洪地点临时看守工作,执行冒雨地面巡查、添乘检查和开行轨道车检查制度。需开行轨道车检查时,列车调度员应及时安排轨道车开行。

宁启线遇雨量达到限速警戒值,必需进入路肩范围或高架桥面冒雨检查时(检查范围不得超出报警里程),设备管理单位应按规定办理登销记,并设驻站联络员、现场防护员后方可检查。若不侵入限界沿路肩范围或桥上人行道进行冒雨巡查,可在线路按限速警戒值限速后进行;若需侵入限界进行设备检查,需向列车调度员申请本线封锁、邻线限速160km/h 运行的调度命令。

需进入除宁启线外的其他线路路肩范围或高架桥面检查时,均需向列车调度员申请本线封锁、邻线限速 160km/h 运行的调度命令。进入封闭栅栏但不进入路肩和桥面范围内检查,可在办理本线限速 160km/h 后进行。

3. 工务人员巡查确认线路路基设备安全后,应立即向本单位调度员汇报,工务单位调度填写《暴雨天气取消列车或提高临时限速申请书》(见附件 4),盖章后传真至调度所工务调度,并电话确认。工务调度员接到报告后,应通过监测终端确认报警监测点的降雨量。当报警监测点 1h 降雨量降至 20mm 及以下,且持续 30min 以上,可逐步解除限速。工务调度员应立即向列车调度员申请取消列车临时限速运行的调度命令(通过工务调度监测终端设置取消),并经电话确认。

4. 列车调度员接到工务调度员取消限速的申请后(在行车调度监测终端上自动显示),应按以下规定及时向列车发布逐级提速的调度命令:

(1)线路允许速度 200~250km/h 区段。

限速 45km/h 时,第一趟列车提速至 120km/h,第二趟列车恢复至常速;限速 120km/h 时,第一趟列车直接恢复至常速。

(2)线路允许速度 300~350km/h 区段。

限速 45km/h 时,第一趟列车提速至 120km/h,第二趟列车提速至 200km/h,第三趟列车恢复至常速。

限速 120km/h 时,第一趟列车提速至 200km/h,第二趟列车恢复至常速。

逐列提速的限速调度命令不设置列控限速。

5. 大雨造成线路积水时的处置规定。

(1)动车组列车在运行途中,值乘司机发现洪水已漫到路肩时,应以能够随时停车的速度运行并报告列车调度员(车站值班员)。发现积水高于轨面时,司机应立即停车并报告列车调度员,根据现场情况与随车机械师共同确认具备行车条件时,动车组列车以能够随时停车速度通过该地段;不具备行车条件时,请求救援。

(2)列车调度员接到积水高于轨面的险情报告后,立即通知已进入区间的后续列车停车(避免停在隧道内),并禁止向该区间放行列车,并将情况逐级上报,根据确定的救援方案实施救援。

(3)需要降弓时(具体由随车机械师根据动车组技术条件确定),司机应按随车机械师要求降弓,停止供电,并向列车调度员报告,请求救援。

6. 对尚未装设灾害监测系统雨量监测子系统或灾害监测系统雨量监测子系统故障的区段,相关单位按照集团公司防洪管理办法有关规定进行检查并根据需要办理限速、停运手续。

第72条 冰雪天气行车的补充规定(《技规》第349、350条)

1. 遇冰雪天气时处置的补充规定。

(1)动车组列车因冰雪天气限速后,遇动车组走行部、车体被击打等情况,应限速160km/h及以下。

(2)遇积雪崩塌等情况危及行车安全时,司机应立即采取停车措施,并报告列车调度员,列车调度员应立即扣停续行列车。有可能影响邻线时,应立即报告列车调度员,列车调度员应立即呼叫邻线运行的列车停车。停车后,动车组司机应会同随车机械师对现场进行检查,提出具体处置方案并报告列车调度员,必要时列车调度员应迅速组织列车退行。

(3)当雪深继续加大或逐步减弱转变为另一个预警等级时,灾害监测系统会自动发出相应报警信息。列车调度员应根据新的报警信息,及时发布相应调度命令。当系统报警解除后,列车调度员应及时取消限速命令。

(4)工务部门应掌握天气预报,遇有降雪应及时报告集团公司工务调度员。降雪期间，工务人员应随时监控积雪厚度和雪情变化，及时向调度所提报限速申请。

电务部门应加强对信号设备的监控，发现线路上应答器、道岔密贴检查器等设备遭击打时，及时向调度所提报限速申请(列车限速 160km/h 及以下)。

供电部门发现接触网覆冰时，及时向调度所提报限速申请(列车限速 160km/h 及以下)。

(5)遇降雪天，道床积雪、接触网结冰受电弓取流不畅时，司机应先采取减速措施，并及时向列车调度员汇报；列车调度员应立即通知工务、电务、供电、动车调度员；各专业调度员应及时通知有关设备管理单位查明情况，设备管理单位按规定提出限速申请，列车调度员应及时发布限速调度命令。

2. 冰雪天气请求限速、雪后恢复常速运行的具体程序和办法。

冰雪天气需列车限速运行及雪后提速(恢复常速)运行时，设备管理单位安全生产指挥中心调度应通过电子登销记系统向列车调度员提报限速(提速、恢复常速)申请，电话通知相关列车调度台，并报告调度所专业调度。列车调度员应及时签认。调度所专业调度接到报告后应作好记录，并立即与列车调度员进行核对。

遇电子登销记系统故障不能登销记时，设备管理单位安全生产指挥中心调度应及时将限速(提速、恢复常速)申请传真至调度所专业调度，并委托其在列车调度台《行车设备检查登记簿》内办理登销记。

3. 接触网除冰车开行的有关规定。

开行除冰列车对接触网导线进行机械除冰时，应使用安装有铜基粉末冶金滑板受电弓的电力机车，按路用列车办理，运行速度不超过80km/h。列车编组为内燃机车+电力机车，内燃（电力）机车均可担当本务机车。实施机械除冰时，供电部门应安排人员添乘监控除冰效果并巡视供电设备。

4. 发现轨面湿滑结冰时，确认动车组限速250km/h，工务部门比照第1点（4）项要求办理限速申请；随车机械师提出限速时，通知司机转报列车调度员，司机按随车机械师限速要求运行。

5. 有关要求。

（1）集团公司调度所接到有关冰雪天气限速申请后，应及时报告调度所值班主任，由值班主任及时向分管副总经理（总调度长）汇报，并通知集团公司应急调度台，各业务部门应急台值守人员通知部门负责人。副总经理（总调度长）、有关业务部门负责人应立即到达调度台，加强业务指导。

（2）与相邻局调度所之间要加强信息沟通。遇管内高速铁路出现降雪时，列车调度员应加强与邻台（局）列车调度员的联系，及时掌握动车组运行信息。

（3）有关设备管理单位主管领导接到雪情通知后，要立即带领或安排技术力量加强值守、添乘检查。

（4）工务部门要严格执行积雪观测办法和报告制度。车辆、电务、供电部门要研究积雪量、列车运行速度和车体结冰影响的规律，最大限度地降低积雪对列车运行安全的影响。

第73条　道岔融雪装置使用的有关规定（《技规》第82、349条）

1. 道岔融雪装置启动及使用。

（1）车站值班员（车务应急值守人员）负责操作远程控制终端或车站控制终端，控制开启或关闭道岔融雪装置的加热开关。

(2)开启或关闭道岔融雪装置加热开关的时间，由车站值班员（车务应急值守人员）根据天气及现场实际情况确定。

(3)遇车站行车室的控制终端均不能进行操作时，电务部门在控制箱内启动应急加热装置。

2. 道岔融雪装置系统故障无法正常使用或因气候原因不能达到正常融雪效果时，应及时安排人工上道扫雪。

第74条 其他规定

1. 大风天气行车的补充规定(《技规》第342、343、344条)。

(1)限速里程设置的补充规定。

①灾害监测系统风速监测子系统发出风速报警信息时，具备自动生成限速里程及限速值的功能。

②限速里程为报警监测点的相邻两端监测点之间的区段；如终端监测点报警，限速里程则为相邻端监测点至终端监测点前移10km的区段。

③当环境风继续加大或逐步减弱达到一个限速等级时，风速监测子系统自动发出相对应的报警信息。列车调度员应根据不同的报警信息，及时处置。

(2)列车运行途中，遇大风，司机根据情况控制列车运行速度，并报告列车调度员。列车调度员通知后续首列列车司机在该地段注意运行；列车通过该地段后，司机应及时向列车调度员报告。无异常时，列车调度员可不再通知后续列车。

(3)风速监测子系统发出“禁止运行”报警信息时的补充规定。

①风速监测子系统发出“禁止运行”报警信息时，列车调度员应立即通知禁止运行区段内的司机停车，并关闭相关信号；司机停车后立即向列车调度员报告各自停车位置。

②当风监测子系统“禁止运行”报警信息解除后，列车调

度员要及时与司机联系,对于禁止运行区段内扣停的列车及后续进入该区段的首列列车,列车调度员发布口头指示限速80km/h注意运行（经设备管理单位检查确认设备正常时除外）。限速里程执行以下规定:

对禁止运行区段内的扣停列车:限速里程为列车停车位置至禁止运行区段终止里程（禁止运行区段内有多列列车时,后行列车的限速里程为本列车停车位置至前行列车停车位置）。

后续进入禁止运行区段内的首列列车:限速里程为禁止运行区段起点至前行列车停车位置(监测点范围内前方无列车停车时,为禁止运行区段终止里程)。

禁止运行区段包含车站时,站内仅对经过该站的第一列列车限速。

(4)风速监测子系统故障处置的补充规定。

①列车调度员发现风速监测子系统故障时,应立即通知设备管理单位,并在《行车设备检查登记簿》内登记;设备管理单位发现风速监测子系统故障,立即报告列车调度员和工务调度员,并按规定在调度所《行车设备检查登记簿》内登记。

设备管理单位应立即组织人员进行修复。设备修复后,通知列车调度员和工务调度员,并按规定在调度所《行车设备检查登记簿》内销记后,恢复正常使用。

②风速监测子系统故障的区段,如遇天气预报6级及以上大风天气时,集团公司调度所工务调度员应及时向行车调度台提交天气预报。列车调度员应按照天气预报的最大风级,向相关列车司机发布限速调度命令。

(5)风级风速换算。

风级	风速 m/s	风级	风速 m/s	风级	风速 m/s
0	不足 0.3	6	10.8~13.8	12	32.7~36.9
1	0.3~1.5	7	13.9~17.1	13	37.0~41.4
2	1.6~3.3	8	17.2~20.7	14	41.5~46.1
3	3.4~5.4	9	20.8~24.4	15	46.2~50.9
4	5.5~7.9	10	24.5~28.4	16	51.0~56.0
5	8.0~10.7	11	28.5~32.6	17	56.1~61.2

(6)调度所工务调度员每日 8:00 须抄收天气预报,及时报送给有关值班主任,由值班主任转交相关高铁调度台。遇 9 级及以上大风天气，调度所工务调度员立即向工务部报告，工务部应在局交班会上进行通报。

(7)对尚未装设灾害监测系统的高速铁路,须按照《技规》规定,尽快建立相应的灾害监测系统。

(8)沪苏通长江公铁大桥大风天气处置规定:

①沪苏通长江公铁大桥 K14+210、K17+210、K19+210 风监测点中任何一处发出大风报警信息,系统对列车限制运行范围均按上下行 K10+338~K24+410 设置。当 K14+210、K17+210、K19+210 风监测点中任何两处及以上同时发出大风报警信息,且报警信息列车限制运行条件不一致时,系统按风速最大的监测点提供报警信息。

②沪苏通铁路沪苏通长江公铁大桥段大风限速规定如下表:

环境风速(m/s)	限速值(km/h)	
	动车组列车	动车组以外的列车
20<V≤25	160	60
25<V≤30	120	禁止进入风区
V>30	禁止进入风区	

2. 发生异物侵限时处理办法的补充规定(《技规》第351、352、353条)。

(1)当异物侵限导致双电网断线时,集团公司调度所行车调度、工务调度及工务段监测终端发出红色报警信息(红网,下同),灾害检测系统同时向列控系统发送报警信息,使进入报警点闭塞分区内的列车自动停车。当双电网的一路电网断线时,调度所行车调度、工务调度、工务段监测终端发出异物侵限传感器黄色报警信息(黄网),灾害检测系统单元内主控板、电源故障时,监测终端上监测点所在区段显示灰色。当监测终端与集团公司中心(按线建设的数据处理中心)设备间通信异常、网络交换机故障、服务器故障或电源故障时,监测终端全屏显示灰色,系统不能反映现场情况。

(2)列车在区间被拦停后,未得到列车调度员可以继续运行的通知前,禁止动车。

(3)工务人员到达现场后,应立即清理线路上的异物,确认线路通车条件,并报告工务段调度员。经设备管理单位现场检查处理,列车调度员根据工务人员在《行车设备检查登记簿》上登记的行车限制条件组织列车运行。

(4)当双电网的一路电网断线,监控终端发生黄色报警信息时,仍按正常组织行车。列车调度员须通知工务调度,工务调度通知设备管理单位检查处理。

(5)工务段调度员接到监控终端异物侵限红色或黄色报警信息后,应立即通知报警点附近工区工务人员赶赴异物侵限点现场进行处理,同时通知通信、电务、供电、信息人员赶赴现场按设备分界检查确认各自设备运用状态。

(6)京沪高铁与沪宁高铁2座桥互联互通,即老通江路(京沪高铁K1075+750,沪宁高铁K252+236)和乡村路(京沪高铁 K1079+752,沪宁高铁 K248+207)。当沪宁高铁异物侵限报警时,将同时影响沪宁高铁、京沪高铁,京沪高铁异物侵限报警时,仅影响本线。沪宁高铁 2 座桥(老通江路 K252+236 和乡村路 K248+207)进行异物侵限远程及现场试验前,应提前通知相关设备管理单位申报京沪高铁 2 座桥（老通江路 K1075+750 和乡村路 K1079+752）异物侵限远程及现场试验配合计划。

(7)列车调度员发现异物侵限子系统故障时,应立即通知设备管理单位,并在《行车设备检查登记簿》内登记;设备管理单位发现异物侵限子系统故障,应立即报告列车调度员和工务调度员,并按规定在调度所《行车设备检查登记簿》内登记。设备管理单位立即组织人员进行修复。司机或看守人员发现有异物侵限时,要立即通知列车调度员,列车调度员呼叫有关列车停车。

(8)如仅集团公司调度所行车调度、工务调度监测终端通信中断时,行车调度、工务调度监测终端自动报警,此时如工务段监测终端显示正常,可按正常组织行车。工务段调度员接到通知后,应立即监控异物侵限子系统的监测终端,并根据监测终端显示的报警信息及时报告列车调度员，由列车调度员按规定处置。行车调度、工务调度监测终端通信中断故障修复并按规定销记后,工务段调度员不再上报报警信息。

(9)灾害监测系统设置位置和所在闭塞分区前后信号机里程(由电务部门提供)等相关技术资料由集团公司工务部门另行公布。

(10)报警点为站内时,按进站信号机至反向进站信号机间的里程确定限速里程。

3. 恶劣天气行车的其他规定(《技规》第 355、356 条)。

(1)因雾霾天气导致电化区段出现“污闪”情况时，按照集团公司“污闪”情况下应急处置规定办理。

(2)司机在发现因暴雨、大雪、大雾或沙尘暴等恶劣天气造成能见度小于 200m 时，准许司机根据情况降低运行速度；遇有冰雹、大风等特殊情况时，准许司机根据情况采取降低运行速度、停车等应急处置措施。司机应将上述情况及时向列车调度员或车站报告。

(3)遇大风、大雪等恶劣天气，房建单位须派人对车站雨棚等房建设备进行巡查。发现危及行车安全隐患，需列车限速或停运时，须立即到车站信号楼(行车室)办理登销记手续。

第十二章　设备故障行车

第 75 条　无联锁或联锁失效时道岔加锁及准备进路的补充规定(《技规》第 49、292 条)

1. 无联锁或联锁失效时道岔加锁办法。

(1)道岔勾锁器配备及管理的规定。

①车站(线路所)按道岔类型配备勾锁器,数量须满足车站(线路所)办理接、发列车进路时道岔(包括防护道岔)加锁的需要。

②加锁装置包括密贴尖轨勾锁器、可动心轨勾锁器、斥离尖轨勾锁器(挂锁)。

③勾锁器应进行编号管理。

(2)道岔加锁、紧固位置的有关规定。

<table>
<tr><th colspan="2" rowspan="2">紧固、加锁数量及位置道岔类型</th><th colspan="3">配置数量(副)</th><th rowspan="2">紧固、加锁位置</th></tr>
<tr><th>密贴尖轨钉闭器、勾锁器</th><th>斥离尖轨限位器、勾锁器</th><th>可动心轨钉闭器、勾锁器</th></tr>
<tr><td rowspan="2">辙叉号为 12 号的分动外锁闭道岔以及 2 台转辙机牵引的辙叉号为 9 号的分动外锁闭道岔</td><td>紧固</td><td>1</td><td>1</td><td></td><td>密贴尖轨、斥离尖轨第一转辙机处。</td></tr>
<tr><td>加锁</td><td>1</td><td>1</td><td></td><td>密贴尖轨、斥离尖轨第一转辙机处。</td></tr>
<tr><td rowspan="2">4 台转辙机牵引的辙叉号为 12 号的分动外锁闭可动心道岔</td><td>紧固</td><td>1</td><td>1</td><td>1</td><td>密贴尖轨第二,斥离尖轨第二,可动心轨第二转辙机处。</td></tr>
<tr><td>加锁</td><td>1</td><td>1</td><td>1</td><td>密贴尖轨、斥离尖轨、可动心轨第一转辙机处。</td></tr>
</table>

续上表

紧固、加锁数量及位置道岔类型		配置数量(副)			紧固、加锁位置
		密贴尖轨钉闭器、勾锁器	斥离尖轨限位器、勾锁器	可动心轨钉闭器、勾锁器	
辙叉号为18号的分动外锁闭道岔以及5台转辙机牵引的辙叉号为12号的分动外锁闭可动心道岔	紧固	2	2	1	密贴尖轨第二、第三，斥离尖轨第二、第三，可动心轨第二转辙机处。
	加锁	1	1	1	密贴尖轨、斥离尖轨、可动心轨第一转辙机处。
辙叉号为30号的分动外锁闭道岔	紧固	3	2	1	密贴尖轨第二、第四、第六，可动心轨第二，斥离尖轨第四、第五转辙机处。
	加锁	3	2	1	密贴尖轨第一、第三、第五，可动心轨第一，斥离尖轨第一、第二转辙机处。
辙叉号为42号的分动外锁闭道岔	紧固	3	2	1	密贴尖轨第二、第四、第六、可动心轨第二，斥离尖轨第四、第五转辙机处。
	加锁	3	2	1	密贴尖轨第一、第三、第五，可动心轨第一，斥离尖轨第一、第二转辙机处。
法国科吉富道岔	紧固	2		1	尖轨第一、第三动作杆，可动心轨动作杆处。
	加锁	2		1	尖轨第一、第三动作杆，可动心轨动作杆处。

注：道岔加锁位置，由车站做好标记，发现标记颜色脱落、不清晰时，应重新涂漆。

2. 无联锁或联锁失效时接发列车准备进路的有关要求。

(1)检查或确认线路、道岔空闲的规定。

无联锁或联锁失效时,列车调度员(车站控制时为车站值班员)指派工务、电务人员按规定检查、确认线路、道岔空闲。

(2)进路准备、确认的有关规定。

①需现场准备进路时,列车调度员应及时通知车务应急值守人员(车站值班员),车务应急值守人员(车站值班员)应报告站段指派应急行车小组人员赶往发生故障的车站,通知车站站长(副)赶赴行车室进行把关。列车调度员根据列车运行计划,布置车务应急值守人员准备接发车进路。

②车务应急值守人员接到列车调度员现场准备接发车进路的通知后,组织应急行车小组人员、工务、电务人员现场准备进路。

③应急行车小组人员根据车务应急值守人员(车站值班员)准备接发车进路的命令,组织电务、工务人员现场操纵道岔准备进路,确认进路正确并按规定加锁、紧固后,向车务应急值守人员(车站值班员)汇报。

准备进路时,由应急行车小组人员和电务人员负责摇动道岔和道岔加锁,工务人员负责道岔紧固。

④能通过 CTC 终端准备的进路,由列车调度员(车站控制时为车站值班员)准备,并单独锁闭。

3. 道岔故障通知及检查处理的规定。

(1)道岔设备故障时,列车调度员(车站控制时为车站值班员)应停止使用该道岔,立即通知电务、工务人员处理。

(2)工务、电务人员接到故障通知后,应立即检查、处理。如需上道检查、处理时,按规定办理相关上道手续。

(3)故障暂不能恢复,具备放行列车条件时,根据设备管理单位登记的停用范围及行车限制条件办理行车。

4. 对进路上失去表示的道岔除按规定加锁、紧固外，并单独锁闭。

5. 车务应急值守人员(车站值班员)布置准备进路用语为：准备×次×道接车(发车、通过)进路，×号直股、×号曲股……，应急行车小组人员应复诵；接发车进路准备妥当后，应急行车小组人员的汇报用语为：×号直股、×号曲股、×号加锁(紧固)……×道接车(发车、通过)进路准备好了，车务应急值守人员(车站值班员)应复诵。

6. 非正常情况接发列车作业时，列车调度员与车站的联系用语。

(1)列车调度员指示车务应急值守人员(车站值班员)停止影响进路的调车作业用语：

列车调度员："×站，停止×道调车作业"。听取车务应急值守人员(车站值班员)复诵。

车务应急值守人员(车站值班员)复诵："×站，停止×道调车作业"。停止影响进路的调车作业后，向列车调度员报告："×站，×道调车作业已停止"。

列车调度员应答："好(了)"。

(2)列车调度员指示车务应急值守人员(车站值班员)现场确认列车整列到达用语：

列车调度员："×站，确认×(次)到达"。

车务应急值守人员(车站值班员)复诵："×站，确认×(次)到达"。现场确认列车整列到达后，向列车调度员报告："×站，×(次)整列到达"。

列车调度员应答："×站，×(次)整列到达"。

(3)列车调度员指示车务应急值守人员(车站值班员)现

场检查接车线用语：

列车调度员："×站，检查×道(×区段)"。

车务应急值守人员(车站值班员)复诵："×站，检查×道(×区段)"。现场检查确认后，向列车调度员报告："×站，×道(×区段)空闲"。

列车调度员应答："×站，×道(×区段)空闲"。

第 76 条 利用动车组运送故障处理人员的补充规定(《技规》第 296、400 条)

1. 需登乘动车组进入故障地点处置故障时，设备管理单位应在登乘站《行车设备检查登记簿》内办理登记，登记时应注明登乘动车组上车的车站名称、上车人数和临时下车点的里程，通过车务应急值守人员(车站值班员)向列车调度员申请，列车调度员应报告高铁值班副主任。

遇来不及登记时，应立即报告本单位安全生产指挥中心调度员，由本单位安全生产指挥中心调度员将登记内容经值班段领导审核后传真至调度所高铁值班副主任，并电话确认。

2. 高铁值班副主任接到申请单位需登乘列车的申请后，应确定好登乘动车组的车次，并布置列车调度员和申请单位。处置人员需在区间下车时，列车调度员应发布准许处置人员登乘动车组赶赴区间的调度命令。

3. 处置人员接到本单位登乘动车组赶赴故障地点处置的通知后，应立即携带 GSM-R 手持台赶赴动车组停车站台，在站台邻靠列车运行方向司机室后第一扇门处等候，做好登乘动车组准备工作。

4. 动车组司机接到调度命令后，应立即通知随车机械师和列车长，根据调度命令确定的停车站操纵动车组列车停车，待处置人员上车，确认车门已关闭、具备开车条件后起动列车。

5. 随车机械师接到动车组司机的通知后,应及时赶到列车运行方向司机室后第一扇门处,确认列车停稳和司机通知后,负责手动开启车门[区间停车时为动车组左(非会车)侧车门,站内停车时为邻靠站台一侧车门],待处置人员下车后,应立即关闭车门,并通知司机。

6. 列车长接到动车组司机的通知后,应及时赶到列车运行方向司机室后第一扇门处, 当车门开启时负责看守车门,当列车停车时及时向旅客通告临时停车。

第 77 条 通信设备故障应急处理的补充规定(《技规》第380、381 条)

1. 有线调度通信系统设备故障后的处置办法。

有线调度通信系统设备发生故障,造成列车调度员与车站值班员间、相邻车站值班员间不能通话时,应使用铁路自动电话或 GSM-R 手持终端进行通话、办理有关行车手续。

2. 运行途中机车综合无线通信设备故障处理规定。

列车运行中, 遇列车无线调度通信设备发生故障时,司机应立即使用 GSM-R 手持终端或列车无线调度对讲设备报告车站值班员(列车调度员),列车可继续运行;动车组列车如 GSM-R 手持终端也不能进行通话时, 司机应使用动车组列车长或随车机械师配备的 GSM-R 手持终端进行通话。遇列车无线调度通信设备 (含 CIR、GSM-R 手持终端及无线对讲设备)均不能通话时,司机应在前方站停车报告。

如列车停车站设有电务维护人员,车站值班员(列车调度员)接到报告后,通知电务部门前往修复,电务部门一时无法修复的,应提供 GSM-R 手持终端或无线对讲设备,列车可继续运行。电务人员应立即报告段调度联系列车调度员,安排列车在具备检修条件的车站停车,进行抢修或更换。

如列车停车站未设电务维护人员或电务人员未配备 GSM-R 手持终端或无线对讲设备,司机向车站申请,由车站提供给司机 GSM-R 手持终端或无线对讲设备，列车可继续运行。

设备修复或到达终到站入库后，司机将 GSM-R 手持终端或无线对讲设备交给电务人员,由电务人员负责交还原车站。

第 78 条 CTC 区段列车进路预告信息未接收到或接收错误时的处理规定(《技规》第 381 条)

1. 机车综合无线通信设备不能正常接收接车进路预告信息时,司机应立即报告列车调度员(车站值班员),列车调度员(车站值班员)应将前方站接车股道通知司机。

2. 遇接车进路预告信息中的车次与担当的车次不符或原规定为停车办理客运业务显示为通过时,司机应立即减速或停车,不得进站并报告列车调度员(车站值班员)。列车调度员(车站值班员)接到司机报告后,立即核对车次与排列的进路是否一致,经确认正确后通知司机进站。车站值班员接到报告后,立即报告列车调度员。动车组按列控车载设备方式行车时,凭列控车载设备显示的允许运行信号越过进站信号机；动车组按 LKJ 方式行车时以及动车组以外的列车,根据进站信号机显示的允许运行信号越过进站信号机。

第 79 条 防止电力机车、动车组进入停电区、无网区的规定(《技规》第 383~386 条)

1. 停电区域明示化的措施。

接触网停电后，由列车调度员在 CTC 终端设置停电标识;转为非常站控时,车站值班员应对停电区域进行揭示。

2. 防止电力机车、动车组进入停电区、无网区的控制措施。

(1)列车调度员(车站控制时为车站值班员)对衔接未挂网线路的有关道岔(衔接安全线、牵出线、机待线的道岔以及挂网正线与未挂网正线衔接的分歧道岔除外)须开通有接触网的线路并单独锁闭,防止电力机车进入无接触网线路。

挂网线路与未挂网线路的分界处,车站应在控制台未挂网的分界点相应位置贴上标识进行明示(安全线除外)。

(2)转为非常站控时,车站值班员接到列车调度员下达的接触网停电命令后,应根据"车站接触网停电道岔锁闭、信号机钮封一览表"立即将行车限制卡中的关联道岔开通非停电区域单独锁闭,不能通过关联道岔隔开时应将能进入停电区域的的信号机按钮进行钮封,并在占线板停电区域适当位置揭挂"停电"表示牌,接触网恢复供电的调度命令下达后摘下。

(3)接触网停电后,在办理有电区域开往停电区域的接发列车(轨道车除外)和本务机车(与司机已核对为内燃机车后除外)调车前,列车调度员(车站控制时为车站值班员)须与司机核对确认机车属性,用语为:"××次(××号机车)通报机车属性",司机接到通知后应回复:"××次(××号机车)为内燃(电力)机车",列车调度员(车站控制时为车站值班员)得到司机回复为内燃机车后方可排列进路、开放信号。

(4)在股道内设有接触网电分段采用两个供电臂供电的线路上,涉及该线路的任一供电臂有计划停电时,股道上均不准停留电力机车。遇特殊情况供电单元临时停电时,列车调度员(车站控制时为车站值班员)应通知股道内的电力机车司机禁止移动。

(5) 当接触网一个供电臂检修和处理故障时，严禁开通上下行之间渡线和有可能造成该供电臂带电的道岔以及分场分束供电的不同场区之间的联络线放行电力机车、动车组。

(6)电力、内燃机车共同担当列车的区段,接发电力机车牵引列车的列车须办理预告手续时,在原车次用语前,必须增加“电力”用语。

3. 电力机车出入段提示机车类型的要求。

有关站、段在办理机车出入库时,要加强联系,通知出入库机车的号码(担当车次)前,必须增加“电力”用语。

4. 其他规定。

供电单位应绘制出各站“接触网电分段示意图”提供给有关站段。各站段应绘制车站线路示意图和接触网电分段示意图合一的“占线板”,揭挂在行车室(信号楼)内。

第80条 接触网停电排查故障电力机车、动车组的补充规定(《技规》第383、384条)

1. 接触网跳闸重合闸失败且原因不明时(判断系所亭、过负荷、AF线等原因除外),供电调度员应通知列车调度员要求所在供电臂内电力机车(含动车组,本条下同)全部降弓,进行试送电。试送电前,供电调度员应撤除本线重合闸功能,按规定确认供电、行车及人身安全条件。司机未得到准许升弓的通知前,禁止升弓。

2. 试送电失败,供电调度员应立即通知供电设备管理单位查找故障。

3. 试送电成功，供电调度员应立即联系列车调度员,列车调度员通知供电臂内司机确认电力机车状态(含外观检查、车顶绝缘检测、感应网压、车内报警信息确认),发现故障及其他异常情况时，司机应及时向车站值班员（列车调度员）汇报，经司机或随车机械师现场判断为故障车时不得再次升弓。列车调度员通知供电臂内其他无异常的电力机车逐台升弓确认，直至确认完供电臂内所有电力机车。供电臂内所有电力机车确认完后，列车调度员通知司机恢复正常操作。

(1)当电力机车升弓过程中引起跳闸，供电调度员应通知列车调度员要求该电力机车立即降弓且不得再升故障弓，并通知供电设备管理单位对该处接触网进行检查。当确认该电力机车故障弓降弓后，供电调度员再次送电，剩余的电力机车仍逐台升弓确认。

(2)电力机车逐台升弓过程中，司机严格按列车调度员指令执行，需换弓时，司机报告列车调度员并经准许后方可换弓。列车调度员准许换弓前，应得到供电调度员同意。现场已判断为故障电力机车需再次升弓或进行换弓时，按机务、车辆部门相关规定执行。

(3)在故障排查中，现场无异常反馈，但集团公司供电调度员通过跳闸信息分析供电臂内电力机车疑似故障时，该车（CRH1 型动车组除外）再次升原弓前，应对该供电臂停电，待该车升弓后供电调度员合闸送电。遇接触网跳闸故标指示沿电力机车运行方向变化或同一供电臂内接触网多次跳闸等情况时，供电调度员应通过列车调度员通知该供电臂内司机重点检查电力机车或动车组状态。

第 81 条　接触网停送电的补充规定（《技规》第 384、386 条）

1. 施工、维修停送电的有关规定。

供电设备管理单位驻站联络员负责在车站行车室办理线路封锁和停电作业的登、销记手续，负责向供电调度台办理停电作业的要令、销令手续。

(1)接触网施工时停送电执行程序。

供电设备管理单位根据施工日计划在施工前 1 天 19:00 前向供电调度员提报停电申请,供电调度员进行审核、确认,按照计划时间提前 30min 向列车调度员申请停电时间。

供电设备管理单位驻站联络员应在施工点前 40min 完成登记,经车站值班员签认后向供电调度员申请要令。供电调度员根据驻站联络员的申请和列车调度员签认的时间执行停电。施工主体单位收到供电设备管理单位的停电通知单后方可开工。

施工结束，收到施工主体单位允许送电的通知单后,供电设备管理单位驻站联络员根据工作领导人的通知并在行车室销记后,向供电调度员申请销令,供电调度员恢复送电并通知列车调度员并进行签认。

(2)配合非供电部门施工时停送电执行程序。

供电设备管理单位根据施工日计划在施工前 1 天 19:00 前向供电调度员提报停电申请,供电调度员进行审核、确认,按照计划时间提前 30min 向列车调度员申请停电时间。供电设备管理单位驻站联络员、工作领导人、供电调度员按照上述接触网施工时的停送电程序办理停电手续,施工主体单位(需停电配合单位）收到供电设备管理单位的停电通知单后方可开工。

供电设备管理单位配合结束,收到施工主体单位(需停电配合单位)允许送电的通知单后,供电设备管理单位驻站联络员根据工作领导人的通知并在行车室销记后,向供电调度员申请销令,供电调度员恢复送电后通知列车调度员并进行签认。

在同一停电单元有多个单位共同利用施工天窗进行施工且需要分别配合停电时，由各施工主体单位按规定分别通过设备管理单位配合人员向供电调度员申请要令（每项施工各设一个要令人），供电调度员分别下达作业命令，各施工单位收到供电设备管理单位的停电通知单后方可开工。各施工单位施工完毕，供电设备管理单位每个要令人分别向供电调度员销令，供电调度员确认所有要令人均销令后才可恢复送电。

(3)接触网维修时停送电执行程序。

供电设备管理单位根据维修计划，于维修前1天19:00前向供电调度员提报停电申请，供电调度员进行审核、确认，根据计划时间提前30min向列车调度员申请停电时间。

供电设备管理单位驻站联络员应在天窗点前40min完成登记，经车站值班员签认后向供电调度员申请要令。供电调度员根据驻站联络员的申请和列车调度员签认的时间执行停电。

检修结束，供电设备管理单位驻站联络员根据工作领导人的通知，并在行车室销记后，向供电调度员申请销令，供电调度员恢复送电并通知列车调度员。

(4)综合利用维修天窗时停送电执行程序。

供电、工务、电务等单位共用天窗进行检修(指在同一个基本维修单元作业，无需停电配合)，由供电设备管理单位作为主体单位时，停送电程序同上述接触网维修时的停送电执行程序。

2. 设备故障抢修停送电的规定。

(1)接触网故障处理时停送电执行程序。

供电设备管理单位发现设备故障需要临时处理时，向主管业务部门提出申请，业务部门审核后，经集团公司主管运输副总经理(总调度长)同意,由调度所安排。同时,供电设备管理单位向供电调度员汇报具体情况并提报停电申请。供电设备管理单位驻站联络员到行车室登记后向供电调度员申请要令，供电调度员联系列车调度员办理停电签认手续后执行停电。

故障处理完毕,供电设备管理单位驻站联络员根据工作领导人的通知,向供电调度员申请销令,供电调度员恢复送电并通知列车调度员。

(2)非供电单位设备故障处理需接触网停电配合时停送电执行程序。

非供电单位处理行车设备需接触网停电配合时,通过车站值班员向列车调度员申请停电，并说明具体地点及支柱号,列车调度员同意后通知供电调度员,供电调度员通知供电设备管理单位人员赶赴现场配合。供电设备管理单位驻站联络员在行车室登记后向供电调度员申请停电,供电调度员根据申请联系相关列车调度员签认后执行停电。故障处理单位收到供电设备管理单位的停电通知单后方可开工。

故障处理完毕,供电设备管理单位配合结束,收到故障处理单位允许送电的通知单,驻站联络员根据工作领导人的通知,向供电调度员申请销令,供电调度员恢复送电后通知列车调度员。

3. 配合事故救援时停送电的规定。

事故救援需接触网停电(拨网或拆网)配合的,由供电设备管理单位事故现场负责人向供电调度员提出停电(拨网或拆网)申请,供电调度员与相关列车调度员签认后执行停电。供电设备管理单位现场负责人必须确认停电作业和安全措施完成,按规定格式填写并签认《救援列车事故救援停电通知单》后，交救援列车负责人。

救援列车事故救援结束，救援列车负责人按规定格式填写并签认《救援列车事故救援结束通知单》后，交供电设备管理单位负责人。供电设备管理单位现场负责人签收《救援列车事故救援结束通知单》后，经现场救援总指挥的同意，确认供电设备状态已修复并具备开通条件，人员机具全部撤离到安全地带后，方可撤除安全措施，向供电调度员申请办理送电手续。供电调度员根据申请恢复送电并通知列车调度员，同时与列车调度员进行签认。

4. 应急处理时停送电的补充规定。

电力机车、动车组运行途中确需登上车顶作业时，由司机向列车调度员提出申请，列车调度员与供电调度员办理停电手续，确认接触网已停电后，列车调度员方可发布准许登顶作业的调度命令；司机接到准许登顶作业的调度命令，电力机车司机(动车组时由随车机械师)验电接地后，方可登顶作业；作业完毕，电力机车司机(动车组时由随车机械师)撤除接地后，司机向列车调度员汇报；列车调度员与供电调度员办理送电手续后恢复供电。

5. 牵引变电所停送电的规定。

(1)牵引变电所进线电源或主变倒换操作属于供电设备运行中的倒闸操作，不纳入维修、施工计划。供电部门以铁路传真电报形式公布月度计划和临时增补计划，供电单位、调度所(供电调度员、列车调度员)按照电报内容组织实施。枢纽或局界牵引变电所的倒换主变有困难时，应纳入月度施工计划。

(2)需接触网停电的牵引变电所设备检修、故障处理及供电调度远动系统调试，接触网线路已安排有停电天窗的，可以共用施工或维修天窗；不能共用接触网天窗的，应根据集团公司营业线施工管理规定和供电调度工作细则办理。

(3)牵引变电所全所设备停电造成接触网大范围停电或实施越区供电的检修、试验应纳入月度施工计划，由施工管理部门安排停电天窗。

6. 列车调度员与供电调度员请求停、送电的规定。

施工、维修作业以及临时应急处理故障、救援等需接触网停电时，供电调度员须与列车调度员在《牵引供电设备停、送电登记簿》内办理停、送电签认手续(可采用电子签认方式)。

第82条 发生弓网故障时的处理规定

电力机车(动车组)在运行途中发生弓网故障，按下列办法处理：

1. 列车运行途中，司机发现接触网有异状、网压异常时，应立即断电、降弓并停车；同时将停车地点公里标、停车原因和故障地点，向列车调度员(车站值班员)报告。动车组列车随车机械师应根据故障信息记录，及时向司机反馈故障发生时间等信息，由司机报告列车调度员，列车调度员及时转报供电调度员。

2. 列车调度员接到报告后，应立即扣停后续列车，不再向该区间放行列车，并向邻线尚未经过该地点的首列列车司机发布口头指示限速80km/h注意运行，限速位置原则上按司机汇报故障地点前后各2km确定。司机应注意观察接触网设备状态，列车调度员根据司机的确认情况，进行后续处理。

3. 停车后，司机(动车组列车为随车机械师)应对受电弓和停车地点可见范围内接触网进行检查，若受电弓、接触网外观无明显异常，可恢复运行并报告列车调度员(车站值班员）。

如弓网损坏严重不能继续运行时，司机应立即报告列车调度员（车站值班员），列车调度员（车站值班员）应立即通知供电人员赶赴现场处理接触网故障或配合司机处理受电弓故障。

若列车不能继续运行时，首先做好列车的防溜及防护措施。需登顶检查处理受电弓时，司机（动车组列车为随车机械师通过司机）向列车调度员提出申请，请求停电处理，在未得到停电命令及未挂好接地线防护的情况下，严禁上车顶处理。接到停电命令后验电，挂好接地线后，方可上车顶处理。

列车调度员根据司机（动车组列车为随车机械师通过司机提出）下车检查或登顶作业的请求，发布邻线列车限速160km/h及以下调度命令；需登顶作业时，列车调度员还应通知该供电臂内的所有列车停车并降弓，与供电调度员办理接触网停电手续，得到供电调度员接触网已停电的通知后，发布准许登顶作业的调度命令。经检查确认列车不能继续运行时，立即报告列车调度员（车站值班员）请求救援。

4. 经检查处理，本列恢复运行后，在接触网设备未经检查确认前，列车调度员应向本线尚未经过该地点的首列列车发布口头指示限速80km/h注意运行，限速位置原则上按司机汇报故障地点前后各2km确定。司机应注意观察接触网设备状态，发现影响行车异常情况时应立即停车并向列车调度员报告，列车调度员（车站值班员）立即通知尚未经过异常地点的后续列车停车，不再向该区间放行列车，并立即通知供电部门检查处理，列车调度员（车站值班员）按供电部门登记的行车限制条件组织行车。无异常时，司机在通过限速地点后立即向列车调度员（车站值班员）报告，列车调度员（车站值班员）根据司机确认无异常的报告组织后续列车正常运行。

5. 供电调度员接到报告后，应立即组织供电人员登乘本线或邻线列车巡视检查设备。供电人员根据需要及时向列车调度员提出利用动车组列车运送人员处理故障的申请，列车调度员应根据列车运行情况及时安排。需接触网作业车配合故障抢修时，列车调度员根据申请封锁区间，接触网作业车凭调度命令进入封锁区间。经检查发现受电弓被打翻、滑板断裂、弓头变形等故障时，供电人员应尽可能扩大巡视范围查找明显第一故障点。

第 83 条 动车组以外的旅客列车车辆抱闸时处置的补充规定（《技规》第 407、408、412 条）

1. 拦停要求。

旅客列车运行途中反映车辆走行部有冒烟、冒火星、车轮发红等抱闸情形时，列车调度员（车站值班员）接到通知后应立即呼叫列车停车。司机接到通知后，使用常用制动停车，并通知车辆乘务员检查处理。

2. 处置要求。

（1）旅客列车停车后，司机除按规定向车站值班员（列车调度员）报告外，还要将停车原因及相关情况通知车辆乘务员。车辆乘务员首先对车辆的人力制动机状态进行检查确认，然后联系司机对列车施行缓解后，检查制动缸、闸瓦（闸片）状态，确认抱闸故障且符合关门条件的，关闭截断塞门，排除副风缸、工作风缸的余风，按规定速度运行。车辆乘务员要及时将检查处理结果经司机转报车站值班员（列车调度员）。

（2）关门车编挂位置或数量不符合规定的，按下列要求办理（列车停在车站的，就地处理）：

关门车位于列车最后一位或关门车为2辆及以上时,列车运行至前方站停车处理。

车辆乘务员要计算每百吨列车重量的换算闸瓦压力,根据闸瓦压力提出限速要求,列车按限速要求运行至前方站停车处理或甩车。

第84条 其他规定

1. 列控车载信号(指显示的允许运行速度值)与机车信号不一致时的处置办法。

(1)列控车载信号显示停车信号而机车信号显示进行信号时,按列控车载信号显示立即停车。

(2)列控车载信号显示进行信号而机车信号显示停车信号时:

①在区间运行时,动车组司机须立即停车,并向列车调度员汇报。列车调度员确认前方闭塞分区无车占用后通知司机。司机以遇到阻碍能随时停车的速度运行至前方次一信号机或闭塞分区入口处,如列控车载信号与机车信号均显示进行信号,按车载信号显示运行;如列控车载信号显示进行信号而机车信号仍显示停车信号,按上述规定处理。

②在车站发车时,司机应立即向列车调度员汇报。列车调度员应确认第一个闭塞分区空闲、道岔位置正确及进路空闲后通知司机发车,司机在出发信号机前以遇到阻碍能随时停车的速度运行,如列控车载信号与机车信号均显示进行信号,按车载信号显示运行;如列控车载信号显示进行信号而机车信号仍显示停车信号,司机以遇到阻碍能随时停车的速度运行至前方次一信号机或闭塞分区入口处,按上述区间规定处理。

2. 按LKJ方式运行的动车组列车遇机车信号或LKJ故

障时的补充规定(《技规》第 362 条)。

按 LKJ 方式运行的动车组列车在区间运行时,遇机车信号或 LKJ 故障,司机须立即汇报列车调度员(车站值班员)。司机在得到列车调度员该列车至前方站(线路所)间空闲的通知后,将 LKJ 转入隔离,按地面信号机显示以不超过 40km/h 的速度运行至前方站处理。

3. 行车设备故障通知的补充规定。

(1)遇进站信号机、出站信号机、进路信号机、区间通过信号机、线路所通过信号机故障时,列车调度员(车站值班员)应通知电务部门处理;遇道岔失去表示、轨道电路非列车占用红光带时,列车调度员(车站值班员)应通知工务、电务部门处理。

(2)遇行车设备(调度台设备除外)故障时,列车调度员应立即通知相关站车务应急值守人员(车站值班员)。车务应急值守人员(车站值班员)接到通知后,应立即在车站《行车设备检查登记簿》内登记,并按规定与设备管理单位办理登销记手续。设备管理单位销记或登记停用内容、影响范围、行车限制条件时,车务应急值守人员(车站值班员)应立即报告列车调度员,列车调度员根据车务应急值守人员(车站值班员)的报告进行处置。遇调度台设备故障时,列车调度员应立即通知设备管理单位,并按规定与设备管理单位相关人员办理登销记手续。

4. 动车组不能实现自动过分相时的处置规定。

(1)动车组列车不能实现自动过分相时,应采取手动过分相的方式,并报告列车调度员(车站值班员)。

(2)列车调度员(车站值班员)接到司机不能实现自动过分相的报告(能判断为车载设备故障时除外)后,应判明列车控车方式。如采用 ATP 方式控车时,应通知电务、工务等部门处理;如采用 LKJ 方式控车时,应通知工务、供电等部门处理。

5. 交流电源恢复供电后的处理办法。

车站联锁设备停电恢复，车站进行上电解锁操作前,须确认站内列车和调车车列已停稳。CTC 系统重启后,有关标注应按规定重新设置。

6. 确认轨道电路分路不良区段空闲的办法。

确认分路不良区段空闲是指确认分路不良区段无机车车辆占用。可通过目视确认、利用站场视频设备确认;动车组列车、单机(单机挂车、重联时除外)运行时,可通过 CTC 设备或控制台确认出清轨道电路分路不良区段的下一良好轨道电路区段。

第十三章　非正常行车组织

第 85 条　列车在区间被迫停车后处理的补充规定（《技规》第 434~437、412~414 条）

1. 报告、通知的补充规定。

列车在区间被迫停车后，遇列车无线调度通信设备、GSM-R 手持终端等通信工具不能联系时，司机使用一切可利用的通讯设备向就近车站(列车调度员)报告。

2. 检查的联系、确认办法。

列车在区间被迫停车可能妨碍邻线需要检查处理时，动车组以外的旅客列车司机指派副司机(随乘司机)沿邻线一侧向后，通知车辆乘务员由同侧向前，进行检查，待取得联系，查明停车原因并处理后，按车辆乘务员与司机指派人员商定的办法开车。货物列车司机指派副司机(随乘司机)向后部检查，查明停车原因，向司机报告，司机按有关规定处理。

3. 采取防溜措施的补充规定。

(1)列车在区间被迫停车不能继续运行时，司机应使列车保持制动状态。

(2)动车组以外的旅客列车在区间被迫停车遇自动制动机失效等情况影响列车就地制动时，司机应通知车辆乘务员立即组织列车乘务人员拧紧全列车辆的人力制动机，以保证就地制动。列车恢复开行前或救援列车挂妥后，司机通知车辆乘务员，车辆乘务员立即组织乘务人员按照“谁拧紧、谁松开”的原则松开全列人力制动机。车辆乘务员应逐辆检查，确认全列车人力制动机均已松开后向司机报告。

(3)货物列车在区间被迫停车遇自动制动机失效等情况影响列车就地制动时，司机除拧紧机车及机后不少于4辆车的人力制动机外(电气化区段不能使用人力制动机时，应使用机车上配置的人力制动机紧固器)，还应使用防溜铁鞋对机车进行防溜，并向列车调度员报告请求救援。列车调度员应得到司机采取防溜和防护措施完毕的报告后，再向封锁区间放行救援列车。救援列车挂妥进行制动试验后，请求救援司机撤除防溜措施后并通知救援司机开车。

4. 被迫停车距离进站信号机或站界标不足300m时的防护办法。

列车在区间被迫停车，防护端距进站信号机(站界标)不足300m时，应在进站信号机(站界标)相对应处设置防护。

第86条 单班单司机值乘的列车在区间被迫停车后防护作业的规定(《技规》第412~414条)

1. 单班单司机值乘的旅客列车(含确认列车)在区间被迫停车不能继续运行需要防护时，列车前方、后方均由随车机械师(车辆乘务员)负责；如仅设一名随车机械师(车辆乘务员)，需在列车前、后两方面防护时，列车前方由司机负责，列车后方由随车机械师(车辆乘务员)负责。配备列车防护报警装置的列车，司机应首先使用列车防护报警装置进行防护。

2. 单班单司机值乘的旅客列车(含确认列车)在区间被迫停车后可能妨碍邻线时，司机应立即使用列车无线调度通信设备通知邻线上运行的列车和列车调度员(两端站)，指派随车机械师(车辆乘务员)分别在列车头部、尾部附近对邻线来车方向短路轨道电路；如仅设一名随车机械师(车辆乘务员)时,由司机与随车机械师(车辆乘务员)分别在列车头部、尾部附近对邻线来车方向短路轨道电路。配备列车防护报警装置的列车，司机应首先使用列车防护报警装置进行防护。列车调度员(车站控制时为车站值班员)接到列车被迫停车可能防碍邻线的通知后，应立即通知邻线有关列车停车,在原因消除前不得再向邻线放行列车。

3. 需请求救援时,司机应及时向列车调度员(车站值班员)报告停车原因、停车位置、列车换长,负责打开机车头灯和标志灯。列车调度员确定救援方案后,将救援列车车次、进入区间的方向通知请求救援的司机。

(1)已知救援列车开来方向时,司机立即通知随车机械师(车辆乘务员）前往救援列车开来方向距本列车不少于300m处放置响墩(仅运行动车组的区段向救援列车开来方向显示停车手信号)防护。

(2)救援列车开来方向不明时,司机和随车机械师(车辆乘务员）应从车列前后两方面距离列车不小于300m处放置响墩(仅运行动车组的区段向救援列车开来方向显示停车手信号)防护。

第87条　夜间运行机车、动车组头灯和标志灯故障时处理的补充规定(《技规》第208、495条)

列车夜间运行,司机发现或得到列车头部标志不完整的信息时,应及时报告列车调度员(车站值班员)。机车(动车组)头灯、标志灯之一不能使用时,可继续运行,机车(动车组)前部头灯、标志灯均不能使用时,应适当降速维持运行到前方站停车处理,处理不好时不得继续运行。

第88条　处理列车扒乘人员的规定（《技规》第185、383~385条)

1. 报告、通知及处理的要求。

铁路工作人员发现车顶有扒乘人员时,应立即向列车调度员(车站值班员)汇报。如不影响安全时,列车可以运行至前方站停车处理;危及安全时,应立即通知司机停车。

2. 遇车顶扒乘人员需接触网停电处理时,按下列规定进行处置:

(1)遇车顶扒乘人员需接触网停电处理时,现场处理人员应立即通知车站值班员,并讲明是否需登顶处理。车站值班员接到通知后应立即报告列车调度员, 通知供电工区,并在《行车设备检查登记簿》内登记,将停电处理的地点登记清楚。需登顶处理时,列车调度员在得到供电调度员接触网已停电的通知后,发布准许登顶作业的调度命令。

(2)供电人员接到车站通知后,应立即赶赴车站并派员在车站驻站申请要令,根据供电调度员的停电命令对处理地点采取验电、接地的安全措施,接地后应在《行车设备检查登记簿》登记"××供电单元停电、××已采取接地的安全措施"。车站值班员确认列车调度员的停电命令(登顶处理时为准许登顶作业的调度命令)以及供电人员已接地的登记后,使用列车无线调度通信设备通知现场处理人员,用语为:"××接触网已停电并接地(非登顶处理);××接触网已停电并接地,准许登顶作业(登顶处理)",现场处理人员应复诵。

无法使用列车无线调度通信设备通知现场处理人员时,车站值班员应使用调度命令纸(一式二份)指派胜任人员书面通知现场处理人员,在调度命令内容栏内注明"××接触网已停电并接地(非登顶处理);××接触网已停电并接地,准许登顶作业(登顶处理)",并签名。现场处理人员收到后应在其中一份调度命令纸上签名、注明时间,并将签名的调度命令纸交还给指派的胜任人员(留存一个月)。

(3)现场处理人员得到车站值班员“××接触网已停电并接地(非登顶处理);××接触网已停电并接地,准许登顶作业(登顶处理)”的电话通知或书面通知后,方可处理。

(4)现场突发情况处理结束后,现场处理人员应通过具备录音装置的通信设备通知车站值班员,用语为:“××突发情况已处理完毕,现场处理人员已撤离”,车站值班员应复诵。无法使用具备录音装置的通信设备通知车站值班员时,现场处理人员应在接收的调度命令纸内注明“××突发情况已处理完毕,现场处理人员已撤离”,并签名,将签名的调度命令交给车站值班员指派的胜任人员。

(5)车站值班员接到现场处理人员突发情况处理完毕的通知后,应立即通知供电人员。供电人员应按规定撤除接地安全措施,确认供电人员、机具、材料撤离至安全地点后向供电调度销令,并在《行车设备检查登记簿》销记;车站值班员确认网工区人员销记后,应立即报告列车调度员,在接到列车调度员恢复供电的调度命令,确认具备行车条件后,方可恢复正常行车。

第89条 防护栅栏内进入闲杂人员的处理规定

1. 列车运行途中,司机发现封闭网内有闲杂人员时,视情况采取减速或停车措施,并向列车调度员(车站控制时为车站值班员)报告[司机:“××km××m处×行线一侧(或×行线上)发现×名闲杂人员向××方向行走,地处(非)高架区段”;列车调度员(车站值班员):“××km××m处×行线一侧(或×行线上)发现×名闲杂人员向××方向行走,地处(非)高架区段,××调度台(站)明白”]。

列车调度员(车站值班员接到报告后应转报列车调度员)

接到报告后,应及时将情况作成记录,并立即报告高铁值班副主任,通知车站值班员。车站值班员应报告车站值班干部,通知工务处理。高铁值班副主任应立即向公安局指挥中心报警。

相关单位接到通知后,应做好相应台帐记录,并立即派员到现场处理和驻站防护。

2. 在处置人员到达处置地点前,列车调度员应对本线后续列车以及邻线列车发布限速 80km/h 运行的调度命令(不设置列控限速,后续列车报告闲杂人员位置变动时不再重新发布限速调度命令), 限速位置按闲杂人员处所前后各 2km 确定;对来不及发布调度命令的动车组列车,应立即通知动车组司机限速运行。同时,列车调度员应通知本线及邻线列车司机注意限速地段的瞭望,列车通过限速地段后司机应立即报告瞭望情况。未发现闲杂人员,列车调度员安排本线后续列车及邻线列车恢复正常运行。

3. 需申请登乘动车组赶赴区间处置闲杂人员时,按本细则第 76 条规定办理。

4. 登乘动车组列车开车后,列车调度员不得再放行本线追踪列车。列车调度员接到登乘动车组列车的司机发现有闲杂人员的报告后,应立即扣停邻线列车,扣停邻线列车后应通知登乘动车组列车的司机“邻线列车已扣停”。

5. 登乘动车组列车在接近停车地点时,司机应控制列车以不超过 40km/h 的速度运行,发现闲杂人员时应将列车停于靠近闲杂人员处,并报告列车调度员。司机接到列车调度员已扣停邻线列车的通知后通知随车机械师开启车门,待处置人员下车将闲杂人员带上车,在得到随车机械师关闭车门的通知,确认车门已关闭、具备开车条件后起动列车,并报告列车调度员。列车调度员接到司机在区间内已起动列车的报告后，应发布取消本线及邻线限速 80km/h 运行的调度命令，恢复正常行车。

如到达停车地点未发现闲杂人员时，可以不超过 80km/h 的速度继续运行 2km，仍未发现闲杂人员时，在报告列车调度员后恢复正常速度运行，列车调度员应发布取消本线及邻线限速 80km/h 运行的调度命令，恢复正常行车。

6. 处置人员在区间带上闲杂人员后，原则上应登乘送达的动车组到达前方办客站下车；遇特殊情况处置人员不再登乘动车组时，由申请单位确认处置人员、闲杂人员在全部下道后通知(通过录音电话通知)高铁值班副主任，高铁值班副主任应立即布置列车调度员通知登乘送达的动车组、本线后续列车以及邻线扣停的列车恢复正常运行。

第 90 条 其他规定

1. 动车组列车在区间退行、返回时的补充规定(《技规》第415、416 条)。

(1)动车组列车不得已情况下必须在区间退行时，司机必须得到列车调度员准许列车退行的通知和列控车载设备转入隔离模式的调度命令，司机将列控车载设备转入隔离模式(开关不在司机室时，司机通知随车机械师配合)。装备 LKJ 的动车组列车在 ATP 隔离后，将 LKJ 转为调车模式。

(2)动车组列车须由区间返回时，列车调度员须发布准许返回后方站和列控车载设备转入隔离模式的调度命令，司机将列控车载设备转入隔离模式(开关不在司机室时，司机通知随车机械师配合)。装备 LKJ 的动车组列车在 ATP 隔离后，将 LKJ 转为调车模式。

(3)动车组列车在区间退行时，途经接触网电分相时，采取手动过分相方式通过。

2. 动车组救援对标停车的规定。

(1)利用机车救援时,救援机车应按“动车组停车位置”标停车,列车停妥后,救援机车司机通知被救援动车组司机,被救援动车组司机负责通知列车长,列车长接到通知并确认列车停妥后,方可通知客运乘务组手动开启车门。

(2)利用动车组救援时,8 辆动车组救援 8 辆动车组时,列车进站应按“动车组停车位置”标停车,按原有规定开关车门。其他情况动车组救援动车组时,按下列规定处置:

①列车调度员(车站值班员)应提前准备进路、开放出发信号,并通知司机。

②列车调度员通知车站指派地面人员指挥救援动车组司机将故障被救援动车组按“动车组停车位置”标停车(救援动车组尾部第二辆车接近该停车标时使用 467.200MHz 无线通信频率及时呼叫“减速”,救援动车组与被救援动车组间车钩越过该停车标时直接呼叫“停车”)。列车停妥后,由列车长通知客运乘务组手动开启车门。

3. 遇施工慢行(不含接触网、轨旁设备限速)地段发生晃车时,列车调度员(车站值班员)立即通知本线后续列车停车,不再向该施工慢行地段的线路放行列车,并通知工务部门检查处理。遇该施工项目同时涉及多条线路施工慢行时,列车调度员(车站值班员)还应通知经由施工慢行地段其他线路运行的列车停车,不再放行后续列车。施工慢行地段归属不同列车调度台管辖时,列车调度员相互间应及时通报信息。

工务部门接到通知后,按规定登记、上道检查,待工务部门检查处理后,按工务登记的行车限制条件放行列车。遇该施工项目同时涉及多条线路施工慢行时,还应检查晃车地点对应的其他线路施工慢行地段。

第十四章 信号显示

第91条 局管内部分联系用的手信号的规定(《技规》第460、484条)

1. 局管内联系用手信号显示方式规定如下：

顺序	信号名称	显示时机	显示方式	
			昼间	夜间
1	好了信号	互相表示一件工作完了，确认无误时	拢起的手信号旗或单臂转动作圆形	白色灯光转动作圆形
2	停留车位置预告信号	推进车列进行连挂前，调车指挥人以手信号通知司机停留车位置	①停留车在线路头部时：拢起的手信号旗或用手拍头 ②停留车在线路中部时：拢起的手信号旗或用手拍腰 ③停留车在线路后部时：拢起的手信号旗或用手拍腿	①停留车在线路头部时：白色灯光高举左右划横波浪形 ②停留车在线路中部时：白色灯光左下右上摇动 ③停留车在线路后部时:白色灯光划“∞”形
3	调车时要求加速信号	指挥机车向显示人方向来时	展开的绿色信号旗下部左右大摇	绿色灯光在下部左右大摇
		指挥机车向显示人反方向去时	展开的绿色信号旗上下大摇	绿色灯光上下大摇
4	连续连挂信号	要求司机以不超过5km/h的速度不停车连续连挂	先显示规定的连结信号后，再以拢起的红色信号旗在上，拢起的绿色信号旗在下，在胸部平举	先显示规定的连结信号后，再以红色灯光左右大摇一次及白色灯光左右大摇一次

续上表

顺序	信号名称	显示时机	显示方式	
			昼间	夜间
5	进入车辆内方作业时的防护信号	调车人员进入车辆内方摘结软管和调整钩位时	进入车辆内方前，向调车指挥人显示停车手信号，在得到调车指挥人回示停车手信号后，方可进入	同左（以红色灯光显示）

2. 二十道及其以上的股道号码的显示方式。

(1)二十道:应先显示二道股道号码,在显示十道股道号码。

(2)二十道以上股道号码:需先显示二十道股道号码,再显示所要股道号码的个位数信号。

3. 特殊情况需新增地区性联系用的手信号时,需报集团公司专业部门审批。

第 92 条 影响信号显示的树木的处理办法（《技规》第462 条）

1. 集团公司林业主管部门(工务部)应每年三季度组织有关部门和单位对沿线树木进行一次全面检查，做出记录，对影响信号显示的树木按规定及时处理。

2. 集团公司林业主管部门发现或得到树木影响信号显示的通知时,属于铁路林权的树木及自然生长的杂树,由林木管护单位负责处理;属于路外林权的树木,联系当地相关林权部门处理。

第 93 条 常态点灯的信号机关闭时机的补充规定(《技规》第 466 条)

无。

第 94 条 设置信号、线路标志的补充规定（《技规》第490、491、492 条）

1. 动车组列车停车位置标设置的补充规定。

(1)有客运作业的车站应设置动车组列车停车位置标。该标志为表面采用反光材料的蓝底白字牌,写有“动车组停车位置”。采用悬挂方式时,停车位置标设置高度为底边距钢轨面高为3.5m;设置在地面或雨棚柱上时底边距钢轨面高为3m。停车位置标内侧距线路中心均不少于3.1m。

(2)动车组停车位置标原则上应采用地面或嵌贴等方式,如采用悬挂方式时,设置位置应与雨棚立柱对齐。动车组停车位置标具体设置方式和位置,由车站会同电务段、机务段根据动车组长度、站台长度、地面建筑物以及地形、股道应答器设置位置等实际情况商定。

(3)动车组停车位置标由车站负责设置、更换和维修。新建或施工改造高站台启用时,车站应在安排高站台办理动车组客运乘降前10天完成停车位置标设置。

(4)横式“动车组停车位置”标式样。

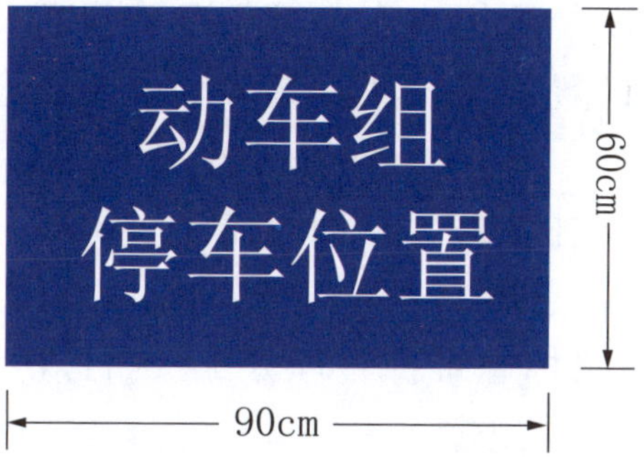

(5)竖式“动车组停车位置”标式样。

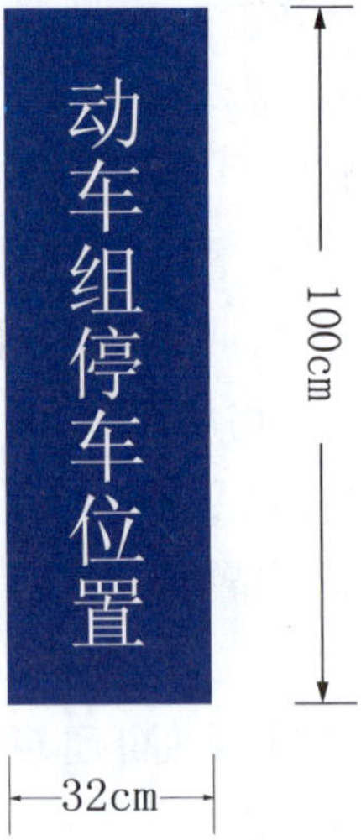

(6)车站设置的"动车组停车位置"标,在保证动车组尾部第一个车门靠上站台的前提下,距出站信号机(绝缘节)的距离一般情况下不小于80m,困难条件不得少于70m。

动车组停车位置标的设置还应满足"动车组应答器接收单元不得在应答器上方或同组应答器之间"的要求。

2. 机车停车位置标由车务部门负责设置、更换、维修,机车停车位置标设置位置应距离警冲标保持不少于30m的安全距离。

3. 接触网支柱和站台侧面等施工、维修影响线路标志使用时,施工单位应通知工务部门派人参加。

4. 信号、线路标志维护管理分工按《行规》附件9执行。

第95条 其他规定

1. 车站信号机点灯、灭灯的规定。

(1)CTCS-2级区段信号机常态灭灯的车站。

紫金山东站、淮北北高速场进站、出站信号机;南京南宁安场SC、SCF进站信号机及X23~X28出站信号机常态灭灯。

南京南宁安场、紫金山东站、淮北北高速场计算机联锁设备设置“点灯”按钮和“灭灯”按钮，与对应的进站或出站信号机列车按钮结合操作，实现对进站、出站信号机的点灯和关灯控制。当南京南宁安场 X23~X28 出站信号机、紫金山东站、淮北北高速场出站信号机点灯并显示允许运行的信号时，须保证站间区间空闲。

(2)CTCS-3 级区段信号机常态点灯的车站。

上海虹桥综合场、虹桥北线路所、金华南线路所、芜湖南站列车信号机常态点灯；上海虹桥站高速场 SGQ、XGB、XGA、XGC 信号机常态点灯，七宝线路所 SZ、SK、XH 信号机常态点灯；南京南京沪场 XDA 信号机常态点灯；南京南宁杭场 XDB、XDC、XH、XHF 和 S11-S22 信号机常态点灯；杭州东宁杭甬场 XDA、XDB、SZ1、SZ3、SZ5、XL3、XL5、SL10、SL12 信号机常态点灯，杭州东沪杭长场 XL1、SL14 信号机常态点灯；黄山北杭黄场 SDA、SDB 信号机常态点灯；阜阳西京港场 XC 进站信号机、阜阳西郑阜场 XZ 进站信号机常态点灯。

(3)常态点灯的进站(进路)信号机开放后，遇接车线末端同方向灭灯的出站信号机自动点亮红灯防护时，在进路完全解锁后，该信号机仍点亮红灯，在办理该股道发车进路前，需人工办理关灯操作。

2.进站信号机降级显示的补充规定(《技规》第 89、469 条)。

经道岔侧向的接车进路上有低于 80km/h 的临时限速时，进路建立后，进站信号机的接近区段发送 UU 码。信号机点灯时，由一个黄色闪光灯光和一个黄色灯光降级为两个黄色灯光。

3. 地面列车信号机与机车信号显示方式的对照表（《技规》第 477 条）。

机车信号显示方式	地面列车信号机		
	信号机名称	显示方式	说明
一个绿色灯光	进站、进路、出站及区间通过信号机、接近信号机	一个绿色灯光	
	出站信号机反向出发	一个绿色灯光和进路表示器的白色灯光(常态灭灯的信号机进路表示器不显示)	经道岔直向出发
一个半绿半黄色灯光	进站、进路、出站及区间通过信号机、接近信号机	一个绿色和一个黄色灯光	
一个黄色灯光	进站、进路、出站及区间通过信号机、接近信号机	一个黄色灯光	当接近信号机无显示时,机车信号显示一个黄色灯光
	出站信号机反向出发	一个黄色灯光和进路表示器的白色灯光(常态灭灯的信号机进路表示器不显示)	四显示区段,经道岔直向出发
一个带“2”字的黄色闪光灯光	进站信号机前方第一架区间通过信号机及接近信号机(出站信号机)	一个黄色灯光(进站信号机显示一个黄色闪光和一个黄色灯光)	未设通过信号机的区间或半自动闭塞站间区间较短,出站信号机起进站信号机前方第一架区间通过信号机或接近信号机一样的预告作用。
	进路信号机	一个黄色灯光(次一架信号机显示一个黄色闪光和一个黄色灯光)	
一个带“2”字的黄色灯光	进站信号机前方第一架区间通过信号机及接近信号机(出站信号机)	一个黄色灯光(进站信号机显示两个黄色灯光)	
	进路信号机	一个黄色灯光(次一架信号机显示两个黄色灯光)	

续上表

机车信号显示方式	地面列车信号机		
	信号机名称	显示方式	说明
一个双半黄色闪光	进站、接车进路、接发车进路信号机	一个黄色闪光和一个黄色灯光	
	出站、发车进路信号机	一个绿色灯光,两个绿色灯光,一个绿色和一个黄色灯光(经18号及其以上道岔侧向位置进路)	有进路表示器同时显示进路表示器的白色灯光
一个半黄半红色闪光	进站、出站、接车进路、接发车进路信号机	一个红色灯光和一个月白色灯光	
	区间装有容许信号的通过信号机	一个蓝色灯光	
一个双半黄色灯光	进站、接车进路、接发车进路信号机	两个黄色灯光	
	出站、发车进路信号机	一个绿色灯光,两个绿色灯光,一个绿色和一个黄色灯光,一个黄色灯光(经道岔侧向位置进路)	有进路表示器同时显示进路表示器的白色灯光
一个半黄半红色灯光	进站、进路、出站及区间通过信号机	一个红色灯光(或一个红色灯光和一个月白色灯光)	

说明:1.机车信号显示一个红色灯光表示列车已越过地面红色灯光的信号机。
2.机车信号显示一个白色灯光表示不复示地面上的信号显示,机车乘务人员应按地面信号机的显示运行。
3.当地面接近信号机无显示列车可越过,并按机车信号的显示运行。

4. 信号显示的特殊规定。

浦口北、赵甸站进站信号机以及亭子山线路所、金华南线路所、贡兴线路所、圩洋线路所、虹北线路所、七宝线路所、平东线路所通过信号机显示黄闪黄时,其显示含义与《技规》(普速铁路部分)第415、420条一致。

连云港普速场(SY、SYF、XG、XGF)、盐城北、金华南、丽水、青田、安亭西站进站信号机显示黄闪黄时,其显示含义与《技规》(高速铁路部分)第469条一致。

上述车站遇新增或有变动时,由集团公司电务部公布。

第十五章　附　则

第 96 条　本细则自 2018 年 4 月 1 日起施行，前发《上海铁路局关于印发〈上海铁路局高速铁路行车组织细则〉的通知》（上铁师〔2014〕436 号）、《中国铁路上海局集团有限公司关于第八次修改〈上海铁路局高速铁路行车组织细则〉部分内容的通知》（上铁师〔2017〕451 号）同时废止。

本细则由集团公司科信部负责组织有关编写部门进行解释。

重点用语说明

《技规》:《铁路技术管理规程》(高速铁路部分)

《危规》:《危险货物运输规则》

《事规》:《铁路交通事故调查处理规则》

《救规》:《铁路交通事故应急救援规则》

《行规》:《普速铁路行车组织规则》

《行细》:《高速铁路行车组织细则》

《站细》:《车站行车工作细则》

《段细》:《机务段行车工作细则》

《所细》:《动车所行车工作细则》

及其以上、及其以下:均包括本数。

超过、不满、不足、以上、以下:均不包括本数。

前端:指列车或车列最前一辆车的前端。

后端:指列车或车列最后一辆车的后端。

前部:指列车或车列前部的适当位置。

后部:指列车或车列后部的适当位置。

前方站、后方站:列车开往的车站为前方站,反之为后方站。

信号机内方、外方:信号机防护的方面为内方,反之为外方。

隔开设备:指安全线和能起隔开作用的道岔。

超过×坡道:一般是指该线路有效长内的各单项坡道加总后的平均坡道。

进站信号机外制动距离内的下坡道是指平均坡道减去曲线阻力相当量坡道的换算坡道;

进站信号机外制动距离内的上坡道是指平均坡道加上曲线阻力相当量坡道的换算坡道。

列车信号机:指示列车运行条件的信号机。

按站间组织行车:在自动闭塞区间,不改变原闭塞方法,但按站间区间放行列车。未接到列车到达前方站的到达点前不得开行后续列车,称为按站间组织行车。

原规定为通过的旅客列车:指列车运行图规定为通过的旅客列车;以书面文件、电报修改运行图,规定为通过的旅客列车;临时加开旅客列车时,调度命令指定为通过的旅客列车(凡是没有指定时刻的临时列车,一律按停车的列车办理)。

列车推进运行:本务机车挂于列车后部,列车运行方向与列车车次方向一致为列车推进运行。

压岔调车:指机车车辆压上前进方向的道岔(含集中联锁区域压上轨道绝缘节),导致运行方向调车信号无法开放(含未设调车信号机)时的调车作业。

一切电话中断:是指行车室内列车调度电话、FAS台、站间行车电话、自动电话、列车无线调度通信设备、GSM-R手持台、地方移动电话在内的电话均无法联系。

单机返岔:单机调车作业时,一个调车行程中在折返点的作业。

虚拟信号:是指在跨场(站)作业无法设置列车信号机时,为办理列车进路及联锁逻辑处理而设立的室外不存在的列车信号机,作为一种技术手段保证进路的正常办理与进路安全防护。

中继站：指由于信号集中控制对区间信号设备控制距离受限制，在长大区间适当地点设置的区间信号设备。

附件：1. 《行细》适用区段
2. 制动距离内进站方向超过6‰下坡道的地点
3. 高速铁路信号特殊联锁关系
4. 暴雨天气取消或提高临时限速申请书

附表：1. 管内各区段行车基本闭塞设备情况(另行公布)
2. 管内调度集中区段车站CTC基本操作方式
3. 确认列车添乘表
4. 高速铁路确认情况记录表
5. 调车关键程序控制表

附件1

《行细》适用区段

1.《行细》适用区段。

(1)沪宁高速铁路:南京城际场~上海西(不含)、上海虹桥综合场,包括南京城际场、仙林、宝华山、镇江城际场、丹徒、丹阳城际场、常州城际场、戚墅堰城际场、惠山、无锡城际场、无锡新区、苏州新区、苏州城际场、苏州园区、阳澄湖、昆山南城际场、花桥、安亭北、南翔北、上海虹桥综合场20个车站和仙林、安亭北、南翔北、虹桥北4个线路所。

(2)沪杭高速铁路:上海虹桥高速场~杭州东沪杭长场,包括上海虹桥高速场、松江南、金山北、嘉善南、嘉兴南、桐乡、海宁西、临平南、杭州东沪杭长场9个车站和七宝、春申、笕桥3个线路所。

(3)京沪高速铁路:徐州东京沪场~上海虹桥高速场,包括徐州东京沪场、宿州东、蚌埠南、定远、滁州、南京南京沪场、镇江南、丹阳北、常州北、无锡东、苏州北、昆山南京沪场、上海虹桥高速场13个车站和扬州、秦淮河、黄渡3个线路所。

(4)合蚌高速铁路:合肥(不含)~蚌埠南,包括合肥北城、水家湖高速场、淮南东、蚌埠南4个车站。

(5)宁杭高速铁路:南京南宁杭场~杭州东宁杭甬场,包括南京南宁杭场、江宁、句容西、溧水、瓦屋山、溧阳、宜兴、长兴、湖州高速场、德清宁杭场、杭州东宁杭甬场11个车站和南京南、杭州东2个线路所。

(6)杭甬高速铁路:杭州东宁杭甬场~庄桥(不含),包括杭州东宁杭甬场、杭州东沪杭长场、杭州南杭甬场、绍兴北杭深场、绍兴东、余姚北6个车站和杭甬杭州南1个线路所。

(7)杭长高速铁路:杭州东沪杭长场~江山杭长场,包括杭州东沪杭长场、杭州南杭长场、诸暨杭长场、义乌杭长场、金华杭长场、龙游杭长场、衢州杭长场、江山杭长场8个车站和杭长杭州南、塘雅、东孝3个线路所。

(8)杭深铁路:宁波东(不含)~苍南,包括云龙、奉化、宁海、三门县、临海杭深场、台州西杭深场、台州南杭深场、温岭杭深场、雁荡山、乐清东、乐清、永嘉、温州南、瓯海、瑞安北、瑞安、平阳、苍南18个车站。

(9)沪蓉铁路:南京南宁杭场~墩义堂,包括南京南宁杭场、浦口、全椒、黄庵、巢北、肥东、合肥南沪蓉场、南分路、六安沪蓉场、独山镇、金寨、天堂寨、墩义堂13个车站和亭子山、集贤路2个线路所。

(10)南京枢纽仙宁线:仙林~南京南宁安场,包括仙林、紫金山东、南京南宁安场3个车站。

(11)合福高铁:合肥北城~黄山北合福场,包括合肥北城、蜀山东合福场、合肥南合福场、长临河、巢湖东合福场、无为、铜陵北、南陵、泾县、旌德、绩溪北合福场、歙县北合福场、黄山北合福场13个车站和合肥南1个线路所。

(12)宁安客专:南京南宁安场~安庆站,包括南京南宁安场、江宁西、马鞍山东、当涂东、芜湖宁安场、芜湖南、繁昌西、铜陵宁安场、池州宁安场、安庆10个车站和铜陵北1个线路所。

(13)金温铁路:塘雅线路所~温州南站,包括武义北、永康南金温场、缙云西、陈篆4个车站和金华南、温州南2个线路所。

(14)郑徐客专:砀山南~徐州东徐兰场,包括砀山南、永城北、萧县北、徐州东徐兰场4个车站和铜山、徐州东2个线路所。

(15)宁启铁路:浦口北~南通站(不含),包括浦口北、殷庄、六合、仪征、扬州、扬州北、泰安镇、江都、泰州西、泰州、姜堰、南莫、如皋、白蒲、赵甸15个车站和平东、陈桥2个线路所。

(16)衢九铁路:衢州普速场(不含)~德兴东(不含),包括常山、辉埠、开化、杨林镇共4个车站。

(17)淮萧联络线:萧县北(不含)~岱河(不含),包括淮北北高速场1个车站。

(18)青盐铁路:赣榆北~盐城北(不含)~圩洋线路所,包括赣榆北、赣榆、海州、董集、灌云东、响水县、滨海港、阜宁东、射阳9个车站和沈圩1个线路所。

(19)杭昌高速铁路:杭州南杭甬场~黄山北杭黄场,包括富阳、桐庐、建德杭黄场、千岛湖、三阳、绩溪北杭黄场、歙县北杭黄场、黄山北杭黄场8个车站和杨村桥1个线路所。

(20)郑阜高铁:界首南~阜阳西郑阜场,包括界首南、临泉、阜阳西郑阜场3个车站。

(21)京港高铁:芦庙~合肥北城站及肥西京港场~黄梅东站,包括芦庙、亳州南、古城东、太和东、阜阳西京港场、颍上北、凤台南、寿县、淮南南、水家湖京港场、合肥北城、肥西京港场、舒城东、庐江西、桐城东、桐城南、安庆西、潜山、太湖南、宿松东、黄梅东21个车站和阜阳西、双岭2个线路所。

(22)徐盐客专:徐州东徐兰场~盐城徐盐场,包括徐州东徐兰场、后马庄、观音机场、睢宁、宿迁、泗阳徐盐场、淮安东、阜宁南、建湖徐盐场、盐城徐盐场共10个车站和贡兴、圩洋2个线路所。

(23)连镇客专:董集~丹徒站,包括董集、灌云、灌南、涟水、淮安东、宝应、高邮北、高邮、扬州东、大港南10个车站和黄楼、邵伯、横山3个线路所。

(24)沪苏通铁路:赵甸~太仓南站,包括赵甸、南通西、张家港北、张家港通沪场、常熟通沪场、太仓港、太仓通沪场、太仓南8个车站和陆渡1个线路所。

(25)合杭高铁:肥东~桐庐东站,包括肥东、柘皋、巢湖东合杭场、含山南、芜湖北、芜湖合杭场、芜湖南、湾沚南、宣城高速场、郎溪南、广德南、安吉、湖州高速场、德清合杭场、杭州西合杭场、富阳西、桐庐东17个车站以及大力寺、胡庄、妙西镇、范家漾、勾庄5个线路所。

(26)盐通高铁:盐城徐盐场~南通西,包括盐城徐盐场、盐城大丰、东台盐通场、海安盐通场、如皋南、南通西6个车站和国道村1个线路所。

(27)徐连高铁:徐州东京沪场~连云港徐连场,包括徐州东京沪场、后马庄、大许南、邳州东徐连场、新沂南、东海县徐连场、连云港徐连场7个车站。

(28)杭台高铁:绍兴北杭台场~温岭杭台场,包括绍兴北杭台场、上虞南、嵊州北、嵊州新昌、天台山、临海杭台场、台州、温岭杭台场8个车站和镜湖、温岭北2个线路所。

高速铁路车站(线路所)间联络线,高速铁路车站(线路所)与普速铁路车站(线路所)、动车所(动车存车场)衔接仅运行动车组的区间(联络线)。

2. 遇新增或有变动时,由集团公司运输部公布。

附件 2

制动距离内进站方向超过 6‰下坡道的地点

1. 京沪高铁：徐州东京沪场 XZ、XZF，宿州东站 X、XN、S、SN，蚌埠南站 X、XN、S、SN、XL1、SH、SHN，定远站 X、XN，南京南站京沪场 S、SN，上海虹桥高速场 XGA、XGB、XGC，上海虹桥综合场 XD、XDF、SZH 进站（进路）信号机外制动距离内进站方向均为超过 6‰的下坡道。

2. 合蚌高铁：蚌埠南站 SH、SHN 进站信号机外制动距离内进站方向均为超过 6‰的下坡道。

3. 沪宁高铁：南京城际场 S、SF 进站信号机，宝华山站 X、XF、S、SF 进站信号机，镇江城际场 XL、XLF 进站信号机，丹徒站 XL、XLF 进站信号机，戚墅堰城际场 X、XF 进站信号机，苏州新区站 S、SF 进站信号机，阳澄湖站 S、SF 进站信号机，南翔北站 X、XF 进站信号机外制动距离内进站方向均为超过 6‰的下坡道。

4. 宁杭高铁：南京南宁杭场 SH、SHF、XDB、XDC，南京南京沪场 SH、SHN，句容西站 X、XF、S、SF，溧水站 S、SF，溧阳站 X、XF，宜兴站 X、XF，湖州高速场 X、XF、XS、XSF，杭州东宁杭甬场 XN、XNF 进站信号机外制动距离内进站方向均为超过 6‰下坡道。

5. 沪杭高铁：松江南站 S、SF，金山北站 X、XF、S、SF，嘉善南站 X、XF、S、SF，嘉兴南站 S、SF，桐乡站 S、SF，海宁西站 X、XF、S、SF，上海虹桥站高速场 XGA、XGB、XGC 进站信号机外制动距离内进站方向均为超过 6‰的下坡道。

6. 杭甬高铁：杭州东沪杭长场 XS、XSF 进站信号机和杭州东宁杭甬场 XN、XNF 进站信号机，杭州南杭甬场 SY、SYF、XY、XYF 进站信号机，绍兴北杭深场 SS、SSF 进站信号机，绍兴东站 S、SF、X、XF 进站信号机外制动距离内，进站方向均为超过 6‰下坡道。

7. 杭长高铁：杭州南杭长场 XC、XCF、SCF、SC、SYLF、SYL 进站信号机，杭州南杭甬场 SYCF、SYC、XD、XDF 进站信号机，诸暨杭长场 XG、XGF、SGF、SG 进站信号机，义乌杭长场XG、XGF、SGF、SG 进站信号机，金华杭长场 SGF、SG 进站信号机，龙游杭长场 XG、XGF、SGF、SG 进站信号机，衢州杭长场 SGF、SG 进站信号机，江山杭长场 XG、XGF、SGF、SG 进站信号机，进站信号机外制动距离内接车方向均为超过 6‰下坡道。

8. 时速 250km 高速铁路：南京南宁安场 XDD 进站信号机外制动距离内进站方向为超过 6‰的下坡道。

9. 沪蓉铁路：合肥南沪蓉场 SW、SWF 进站信号机外制动距离内进站方向均为超过 6‰的下坡道。

10. 合福高铁：合肥南合福场 XH、XHF 进站信号机，长临河站 S、SF 进站信号机，巢湖东合福场 X、XF、XH、XHF、S、SF、SH、SHF 进站信号机，铜陵北站 S、SF、SK、SKF 进站信号机，南陵站 X、XF 进站信号机，泾县站 S、SF 进站信号机，旌德站S、SF 进站信号机，绩溪北合福场 X、XF 进站信号机，歙县北合福场 X、XF 进站信号机，黄山北合福场 S、SF 进站信号机外制动距离内接车方向均为超过 6‰的下坡道。

11. 宁安客专：马鞍山东站 S、SF 进站信号机，芜湖宁安场 SA、SAF 进站信号机，铜陵宁安场 X、XF 进站信号机外制动距离内进站方向均为超过 6‰下坡道，接车线末端设置延续进路。芜湖南站 XW、XWF、SW、X、XF 进站信号机，池州宁安场 S、SF 进站信号机，安庆站 S、SF 进站信号机外制动距离内，进站方向均为超过 6‰下坡道，接车线末端未设置延续进路。

12. 金温铁路：温州南站 XSF、XS 进站信号机外制动距离内为超过 6‰下坡道，XSF 接车线末端设置延续进路。

13. 杭黄高铁：富阳站 X、XF，桐庐站 X、XF、S、SF，建德杭黄场 X、XF、S、SF，千岛湖站 X、XF、S、SF，三阳站 X、XF，歙县北杭黄场 XH、XHF，绩溪北杭黄场 XW、SL6、SL8，黄山北杭黄场 SDB 进站(进路)信号机外制动距离内进站方向均为超过 6‰下坡道。

14. 京港高铁：亳州南站 X、XF 进站信号机，颍上北站 S、SF 进站信号机，凤台南站 S、SF、X、XF 进站信号机，寿县站 X、XF 进站信号机，淮南南站 X、XF 进站信号机，肥西京港场 XH、X、XF、S、SF 进站信号机，舒城东站 S、SF 进站信号机，庐江西站 S、SF 进站信号机，安庆西站 XL、XLF、X、XF、S、SF 进站信号机，潜山站 X、XF、S、SF 进站信号机，太湖南站 X、XF、S、SF 进站信号机，宿松东站 X、XF 进站信号机，黄梅东站 X、XF、S、SF、SH、SHF 进站信号机外制动距离内，进站方向均为超过 6‰下坡道。

15. 徐盐客专：后马庄 S、SF 进站信号机，观音机场站 X、XF 进站信号机，睢宁站 S、SF 进站信号机，宿迁站 X、XF、S、SF 进站信号机，阜宁南站 X、XF 进站信号机，建湖徐盐场 S、SF 进站信号机，圩洋线路所 TX、TXF、TS、TSF 通过信号机，盐城徐盐场 X、XF 进站信号机外制动距离内进站方向为超过 6‰的下坡道。

16. 连镇客专：董集站 SH、SHF 进站信号机，淮安东站 XL、XLF 进站信号机，宝应站 X、XF、S、SF 进站信号机，高邮北站X、XF进站信号机外制动距离内，进站方向均为超过6‰的下坡道。

17. 合杭高铁：肥东站XH、XHF进站信号机，巢湖东合杭场XS、XSF、SS、SSF进站信号机，芜湖合杭场XC、XCF、SC、SCF进站信号机，湾沚南站S、SF进站信号机，宣城高速场XW、XWF、SW、SWF进站信号机，广德南站X、XF进站信号机，安吉站X、XF进站信号机，杭州西合杭场S、SF进站信号机，富阳西站X、XF、S、SF进站信号机，桐庐东站X、XF、SH、SHF进站信号机外制动距离内进站方向均为超过6‰的下坡道。

18. 盐通高铁：盐城大丰站X、XF、S、SF进站信号机，东台盐通场ST、STF进站信号机，如皋南站X、XF、S、SF进站信号机，南通西站XY进站信号机外制动距离内，进站方向为超过6‰下坡道。

19. 徐连高铁：新沂南站S、SF进站信号机，东海县徐连场S、SF进站信号机，连云港徐连场X、XF、S进站信号机外制动距离内，进站方向为超过6‰下坡道。

20. 杭台高铁：天台山站X、XF、S、SF进站信号机，临海杭台场X、XF进站信号机，台州站X、XF进站信号机，温岭杭台场X、XF、S、SF进站信号机外制动距离内，进站方向为超过6‰下坡道。

遇新增或变化时，由集团公司电务部公布。

附件 3

高速铁路信号特殊联锁关系

一、京沪高铁。

线路所均采用区域联锁，扬州线路所纳入滁州站集中控制，秦淮河线路所纳入南京南京沪场集中控制，黄渡线路所纳入昆山南京沪场集中控制，虹桥北线路所纳入上海虹桥综合场集中控制。

徐州东京沪场特殊联锁关系：徐州东京沪场 SDA 进站信号机不开放，徐州东动车存车场向动走 A 线不能开放出站信号；徐州东京沪场 SDB 进站信号机不开放，徐州东动车存车场不得向动走 B 线开放出站信号。

二、宁杭高铁。

1. 南京南线路所采用区域联锁，纳入南京南宁杭场集中控制。杭州东线路所控制台设在杭州东站行车室。

2. 南京南宁杭场特殊联锁。

(1) 南京南宁杭场和南京南京沪场下行出站信号机点灯时，南京南线路所下行通过信号机必须点灯后，方可开放信号。

(2)南京南宁杭场向秦淮河线路所反方向发车时，秦淮河线路所通过信号机不开放，南京南宁杭场出站信号机不能开放。

(3)南京南宁杭场或秦淮河线路所点灯时，南京南宁杭场和秦淮河线路所必须同时点灯，方可开放信号办理接发列车。

3. 南京南京沪场与南京南宁杭场采用场间联系电路。

(1) 当南京南宁杭场控制台设置的 D209 虚拟列车信号

在关闭状态时,南京南京沪场S7、S8、S9、S10出站信号机往南京南宁杭场方向不能开放。当南京南京沪场控制台设置的D103虚拟列车信号在关闭状态时,南京南宁杭场进站信号机XDB不能开放往南京南京沪场的进站信号。

(2)当南京南宁杭场控制台设置的D214虚拟列车信号在关闭状态时,南京南宁安场SC、SCF进站信号机往南京南宁杭场不能开放。当南京南宁安场控制台设置的D304虚拟列车信号在关闭状态时,南京南宁杭场出站信号机X21、X22不能开放往南京南宁安场方向的出站信号。

(3)当南京南宁杭场控制台设置的D205虚拟列车信号在关闭状态时,南京南宁安场S23、S24、SXXV、SXXVI、S27、S28出站信号机往南京南宁杭场方向不能开放。当南京南宁安场控制台设置的D301虚拟列车信号在关闭状态时,南京南宁杭场XDC进站信号机不能开放往南京南宁安场的进站信号。

(4)南京南宁安场控制台设置的D214虚拟列车信号在关闭状态时,南京南宁安场SC、SCF进站信号机不能开放往南京南宁杭场的进站信号。

4. 南京南线路所特殊联锁。

(1)南京南线路所下行通过信号机不开放,南京南宁杭场和南京南京沪场下行出站信号机不能开放。

(2)南京南线路所上行通过信号机点灯时,南京南宁杭场和南京南京沪场上行进站信号机必须点灯后,方可开放信号。

5. 杭州东线路所通过信号机与杭州北线路所通过信号机上行重复显示。

三、沪杭高铁。

1. 七宝线路所采用区域联锁,纳入上海虹桥高速场集中控制。笕桥线路所采用区域联锁，纳入临平南站集中控制。春申线路所单独设置计算机联锁系统，在松江南站行车室内设置控制终端（备用的计算机联锁控制台设置在春申线路所行车室内）。

2. 笕桥站向笕桥线路所反方向发车时，笕桥线路所通过信号机不开放，笕桥站出站信号机不能开放。

四、杭甬高铁。

1. 杭甬杭州南线路所控制台设在杭州南站行车室。

2. 杭州东宁杭甬场与杭州东沪杭长场间设有场间联系电路。

杭州东宁杭甬场与杭州东沪杭长场间杭州动车C线设有虚拟列车信号按钮，杭州东宁杭甬场与杭州东沪杭长场间办理接发列车时，必须在接车场信号开放后，发车场方可开放信号。取消信号时，必须先取消发车场信号，方可取消接车场信号。

3. 镜湖线路所XJ信号机与绍兴北杭深场X5出站信号机采用红灯重复显示，即：绍兴北杭深场经镜湖联络下行线向镜湖线路所正向发车时，镜湖线路所XJ信号机不开放，绍兴北杭深场X5出站信号机不能开放。

镜湖线路所XJF信号机与绍兴北杭深场X6出站信号机采用红灯重复显示，即：绍兴北杭深场经镜湖联络上行线向镜湖线路所反向发车时，镜湖线路所XJF信号机不开放，绍兴北杭深场X6出站信号机不能开放。

4. 绍兴北杭深场SS信号机与镜湖线路所S信号机采用红灯重复显示，即：镜湖线路所经镜湖联络上行线向绍兴北杭深场正向发车时，绍兴北杭深场SS信号机不开放，镜湖线路所S信号机不能开放。

绍兴北杭深场 SSF 信号机与镜湖线路所 SF 信号机采用红灯重复显示,即:镜湖线路所经镜湖联络下行线向绍兴北杭深场反向发车时,绍兴北杭深场 SSF 信号机不开放,镜湖线路所 SF 信号机不能开放。

5. 绍兴北杭深场的杭州方面列车进入 5、6 道时,X、XF 信号机开放允许信号情况下显示 UU 灯; 进入 3、4 道时,X、XF 信号机开放允许信号情况下显示 USU 灯。

绍兴北杭深场的镜湖线路所方面列车进入 5、6 道时,SS、SSF 信号机开放允许信号情况下显示 U 灯。

五、杭长高铁。

1. 杭长杭州南线路所控制台设在杭州南站行车室,塘雅、东孝线路所控制台设在金华杭长场行车室。

2. 杭州南站特殊联锁关系。

(1)杭州南杭长场办理往杭长杭州南线路所方向的点灯进路时(含反向),必须在杭长杭州南线路所通过信号机点灯并开放允许信号后方可开放信号。

杭长杭州南线路所办理往杭州南杭长场方向的点灯进路时(含反向),必须在杭州南杭长场进站信号机点灯后,方可开放信号。

(2)杭州南杭甬场办理往杭甬杭州南线路所方向的点灯进路时(含反向),必须在杭甬杭州南线路所通过信号机点灯并开放允许信号后方可开放信号。杭甬杭州南线路所办理往杭州南杭甬场方向的点灯进路时(含反向),必须在杭州南杭甬场进站信号机点灯后,方可开放信号。

(3)杭州南杭长场办理往杭甬杭州南线路所方向的点灯进路时(含反向),必须在杭甬杭州南线路所通过信号机点灯并开放允许信号后方可开放信号。

杭甬杭州南线路所办理往杭州南杭长场方向的点灯进路时(含反向),必须在杭州南杭长场进站信号机点灯后,方可开放信号。

(4)杭州南杭甬场办理往杭长杭州南线路所方向的点灯进路时(含反向),必须在杭长杭州南线路所通过信号机点灯并开放允许信号后方可开放信号。杭长杭州南线路所办理往杭州南杭甬场方向的点灯进路时(含反向),必须在杭州南杭甬场进站信号机点灯后,方可开放信号。

(5)杭州南杭甬场~杭州南普速场间采用场间联系电路,行车按调车转场方式办理。转场时进入场调车信号不开放,越出场调车信号不能开放。杭州站应在杭州南普速场《站细》中明确具体办理方式。

3. 金华杭长场办理往东孝线路所方向的点灯进路时(含反向),对应线路所通过信号机必须点灯并开放允许信号后方可开放信号。

4. 东孝线路所办理往金华杭长场方向的点灯进路时(含反向),对应金华站杭长场进站信号机必须点灯后,方可开放信号。

六、时速 250km 高速铁路。

1. 紫金山东站采用区域联锁,纳入南京南宁安场集中控制;浦口站行车室内增设亭子山线路所计算机联锁控制终端(亭子山线路所备用的计算机联锁控制终端设置在亭子山线路所行车室内)。

2. 杭黄高铁。

(1)杨村桥线路所控制台设在建德杭黄场行车室。

(2)杭长杭州南线路所 XYL 通过信号与 71 通过信号(信号标志牌)红灯重复显示,XYL 通过信号未开放,55G 闭塞分区信号许可显示 HU 码、71G 闭塞分区信号许可显示 JC 码。

杭长杭州南线路所 XYLF 通过信号与 60 通过信号(信号标志牌)红灯重复显示,XYLF 通过信号未开放,60G 闭塞分区信号许可显示 HU 码、74G 与 S1LQG 闭塞分区信号许可显示 JC 码。

(3)黄山北杭黄场与合福场采用场间联系电路。

黄山北杭黄场与合福场控制台设置虚拟列车信号及列车按钮(动车 C 线 XL2/SL2、X8 信号机外方 XL3/SL3),黄山北杭黄场与合福场间办理接发列车时,必须在接车场信号开放后,发车场方可开放信号。取消信号时,必须先取消发车场信号,方可取消接车场信号。

3. 六安沪蓉场与六安普速场间设 XCL2、SCL2、XCL4、SCL4 虚拟信号机,室外无设备,仅在控制台显示场间进路的锁闭情况。

247# 道岔由六安普速场控制,75# 道岔由六安沪蓉场控制,247/75G 占用时,六安沪蓉场、六安普速场均不能向 247/75G 区段排列进路;48#/218#、54#/230# 道岔常态开通定位,由六安沪蓉场控制,六安普速场设有同意动岔按钮,六安沪蓉场得到六安普速场同意动岔后,方可办理经道岔反位进路或将道岔单操至反位。两场间办理接发列车时,必须在接车场信号开放后,发车场方可开放信号。取消信号时,必须先取消发车场信号,方可取消接车场信号。办理六安普速场、六安沪蓉场间跨场列车进路时,六安沪蓉场可根据列车调度员的指示转为车站操作方式。

七、合福高铁。

1. 蜀山东合福场。

(1)蜀山东合福场与蜀山东宁西场采用场间联系电路,

蜀山东合福场与蜀山东宁西场控制台分别设置虚拟列车信号及列车按钮。

(2)当蜀山东合福场向蜀山东宁西场方向发车时,蜀山东宁西场D207虚拟列车信号未开放,蜀山东合福场S4出站信号不能开放。

(3)当蜀山东宁西场向蜀山东合福场方向发车时,蜀山东合福场D101虚拟列车信号未开放, 蜀山东宁西场X、XF列车信号不能开放。

(4)当蜀山东合福场往蜀山东宁西场发车,S4出站信号机点灯时,仅能显示绿灯:往蜀山东宁西场X口发车,需检查区间空闲;往蜀山东宁西场XF口发车时,需检查区间3个及以上闭塞分区空闲。S4出站信号机灭灯时,往蜀山东宁西场XF口发车时,需检查区间一离去空闲。

(5)当蜀山东合福场向蜀山东宁西场发车时,S4信号机不设引导出站信号,蜀山东宁西场向蜀山东合福场接车时有引导进路。

(6)蜀山东合福场与蜀山东宁西场间调度集中设备进路无法自动触发,接发列车时,需人工办理进路。

(7)从合肥南合福场往合肥站方面运行的按CTCS-3级方式控车的动车组列车,接入蜀山东合福场4道后,需停车手动转为按CTCS-2级方式控车。

2. 绩溪北合福场。

点灯状态下:X10~X14、XL信号机开放引导信号时,不检查次一架信号机开放条件; 开放X10~X14、XL信号机时,次一架信号机需点灯并开放(不含引导信号开放)。

八、宁安客专。

池州宁安场与池州普速场采用场间联系电路。联络1线运行池州宁安场向池州普速场发出的列车,联络2线运行池州普速场向池州宁安场发出的列车。当池州宁安场向池州普速场经联络1线发车时，池州普速场接车进路信号未开放，池州宁安场出站信号不能开放。池州普速场向池州宁安场经联络2线接车时，池州宁安场接车进路信号未开放，池州普速场进站信号机不能开放。

九、金温铁路。

1. 金温上行线温州南站至温州南线路所间1868号通过信号机以及温州南站至温州南线路所上行疏解线1876号通过信号机与温州南线路所通过信号机S和SK为红灯重复显示。列车在1868号、1876号通过信号机前遇停车信号(包括灯光熄灭、显示不明或显示不正确)停车时，信号未开放或未得到列车调度员(车站值班员、应急值守人员)准许越过该信号机的通知前，禁止动车。未准备好列车在温州南线路所的通过进路，禁止通知司机动车。

2. 温州南线路所SKF通过信号机与温州南站S5、S7出站信号机红灯重复显示。温州南站向温州南疏解下行线(XS口)反方向发车时，温州南线路所SKF通过信号机不开放，温州南站S5、S7出站信号机不能开放。

3. 温州南线路所SF通过信号机与温州南站S4、S6、S8、S10、SXII出站信号机红灯重复显示。温州南站向金温下行线(XJ口)反方向发车时，温州南线路所SF通过信号机不开放，温州南站S4、S6、S8、S10、SXII出站信号机不能开放。

4. 温州南站经金温下行线、温州南疏解下行线反方向发车时，必须确认温州南站~温州南线路所~青田站间所有区间空闲，且温州南线路所SF、SKF通过信号机开放允许信号后，温州南站方可开放出站信号。

5. 青田站经金温上行线、温州南疏解上行线反方向发车时，必须确认青田站~温州南线路所~温州南站区间空闲，温州南线路所 XF 通过信号机开放允许信号后，青田站方可开放出站信号。

6. 东孝站 XⅡ、XⅢ、X4 出站信号机与东孝线路所 XJF 通过信号机红灯重复显示。东孝线路所 XJF 通过信号机开放，且东孝站~东孝线路所金华南联络线上行线区间空闲后，东孝站 XⅡ、XⅢ、X4 才可开放出站信号。

7. 金华南线路所 SF 通过信号机与塘雅线路所 SJF 通过信号机红灯重复显示。塘雅线路所 SJF 通过信号机开放，且金华南线路所~塘雅线路所金温下行线区间空闲后，金华南线路所才可开放 SF 通过信号。

8. 塘雅站 XⅡ、X4 出站信号机与金华南线路所 XF 通过信号机红灯重复显示。金华南线路所 XF 通过信号机开放，且塘雅站~金华南线路所塘雅联络上行线区间空闲后，塘雅站 XⅡ、X4 才可开放出站信号。

9. 永康南金温场、永康南普速场间设置虚拟信号机，办理永康南金温场、永康南普速场间跨场进路时，接车场虚拟信号未开放，禁止办理发车场发车进路。

十、郑徐客专。

1. 铜山站 XF 信号机与铜山线路所 XTF 信号机红灯重复显示。铜山站经铜山联络上行线向铜山线路所反向发车时，铜山线路所 XTF 信号通过信号机不开放，铜山站 XF 信号机不能开放。

2. 铜山线路所 SF 信号机与铜山站 SGF 信号机红灯重复显示。铜山线路所经铜山联络下行线向铜山站反向发车时，铜山站 SGF 信号机不开放，铜山线路所 SF 信号机不能开放。

3. 徐州东线路所 XJF 与徐州东京沪场上行出站信号机

红灯重复显示。徐州东京沪场向徐州东线路所上行联络线(XZ 口)反方向发车时,徐州东线路所 XJF 信号不开放,徐州东京沪场上行出站信号不能开放。

4. 徐州东京沪场向徐州联络下行线(SH 口)反方向发车(点灯)时,大湖站 SDF 信号机不开放,徐州东京沪场下行出站信号不能开放。

十一、宁启铁路(200km/h 客货共线铁路)。

1. 浦口北站。

(1)浦口北办理 XAF 至 SZ 的接车进路后,无论其次一架信号机是否开放,XAF 均开放 UU 显示。

(2)浦口北办理 XA 至 SI 的接车进路后,且办理 XI 至 SF 进路并 XI 信号机开放,则 XA 显示 USU。

2. 反向运行:区间反向按自动站间闭塞运行,设置 3 个接近区段(一离去区段加两个闭塞分区)。

3. 宁启铁路浦口北站至南通站间,除南通站 SI、SII 以及赵甸站 XI、XII 信号机外,其余车站正线股道均未设置应答器组,对于 ATP 控车的动车组列车不具备正线反方向折返功能。

4. 异物侵限:区间反向运行发生异物侵限时,异物侵限区段轨道电路发送 H 码,运行后方至发车站进站信号机的区间轨道全部显示红光带,无低频码。

十二、沪宁城际。

1. 安亭北线路所、南翔北线路所、仙林线路所采用区域联锁,分别纳入安亭北、南翔北、仙林站集中控制。

2. 丹徒站 3G、4G 因受限股道有效长度, 按单方向接发车进路设计,禁止办理反向接发车进路。

十三、青盐铁路(200km/h 客货共线)。

沈圩线路所向连云港普速场反向发车时,连云港普速场

XGF 信号机不开放，沈圩线路所 XQF 信号机不能开放。

十四、京港高铁。

1. 阜阳西线路所 XZF 信号机与阜阳西郑阜场出站信号机采用红灯重复显示，即阜阳西郑阜场经郑阜高铁上行线向阜阳西线路所反方向发车时，阜阳西线路所 XZF 信号机不开放，阜阳西郑阜场出站信号机不能开放。

2. 阜阳西存车场向阜阳西京港场、阜阳西郑阜场发车时，阜阳西京港场、阜阳西郑阜场进站信号未开放，阜阳西存车场出站信号不能开放。

3. 阜阳西线路所与阜阳西京港场间办理行车作业时点灯、灭灯状态必须一致。

阜阳西线路所 S、SF 点灯情况下，需阜阳西京港场进站信号机点灯后方可办理阜阳西线路所通过进路。

阜阳西京港场下行出站信号机点灯时，阜阳西线路所 X、XF 信号机必须点灯后，阜阳西京港场下行出站信号机方可开放。

十五、合杭高铁。

1. 巢湖东合福场出站信号机与大力寺线路所 TSHF、胡庄线路所 TXHF 信号机采用双红灯防护，即巢湖东合福场经巢湖东北、南联络线向大力寺线路所、胡庄线路所反方向发车时，大力寺线路所 TSHF、胡庄线路所 TXHF 信号机不开放，巢湖东合福场出站信号机不能开放。

2. 宣城普速场控制的 D225 与高速场控制的 D101 调车信号机按双蓝灯防护，即 D225 向高速场开放调车进路时，先检查 D101 处于开放状态。

3. 巢湖东合福场出站信号机与大力寺线路所 TSHF、胡庄线路所 TXHF 信号机办理行车作业时点灯、灭灯状态必须一致。

十六、盐通高铁。

国道村线路所至南通西站反向行车时,在南通西站 XYF 信号机未开放允许信号情况下,国道村线路所 XYF 信号机点灯时显示绿黄灯。

十七、徐连高铁。

1. 连云港徐连场 S15~S18 信号机与连云港动车存车场 SDB 信号机采用红灯重复显示,即连云港徐连场经连云港动车 B 线向连云港动车存车场发车时,连云港动车存车场 SDB 信号机不开放,连云港徐连场 S15~S18 信号机不能开放。

2. 连云港动车存车场 X1~X11 信号机与连云港徐连场 XDB 信号机采用红灯重复显示,即连云港动车存车场经连云港动车 B 线向连云港徐连场发车时,连云港徐连场 XDB 信号机不开放,连云港动车存车场 X1~X11 信号机不能开放。

十八、杭台高铁。

1. 绍兴北杭台场办理往镜湖线路所方向的点灯进路时(含反向),必须在镜湖线路所通过信号机点灯并开放允许信号后,方可开放信号。

2. 温岭杭台场办理往温岭北线路所方向的点灯进路时(含反向),必须在温岭北线路所通过信号机点灯并开放允许信号后,方可开放信号。

3. 温岭杭台场至温岭杭深场采用场间联系电路,控制台设置虚拟列车信号及列车按钮,用于两场之间的进路办理。温岭杭台场控制台设置虚拟信号 SXT1、SXT2,温岭杭深场控制台设置虚拟信号 XXT1、XXT2,两场间办理接发列车时,必须在接车场信号开放后,发车场方可开放信号。取消信号时,必须先取消发车场信号,方可取消接车场信号。

遇新增或变化时,由集团公司电务部公布。

附件 4

暴雨天气取消或提高临时限速申请书

调度所工务调度： 　　1. 根据现场冒雨巡查确认工务设备安全，_____线_____站至_____站间上（下）行线_____Km_____m 至_____Km_____m 列车临时限速_____Km/h 取消，请立即安排。 　　2. 根据现场冒雨巡查确认工务设备安全，_____线_____站至_____站间上（下）行线_____Km_____m 至_____Km_____m 列车临时限速由_____km/h 提速至_____Km/h 运行，请立即安排。 　　特此申请。 工务段调度：_____（盖章） 年_____月_____日_____时_____分提报

附表 1

管内各区段行车基本闭塞设备情况

（另行公布）

附表 2

管内调度集中区段车站 CTC 基本操作方式

线名	车站	基本操作方式	站场设置
沪宁城际	南京城际场	车站	
沪宁城际虹桥联络	上海虹桥综合场	车站	
沪宁城际虹桥联络	虹桥北线路所	车站	
京沪高铁	徐州东京沪场	车站	
京沪高铁	南京南京沪场	车站	
京沪高铁	秦淮河线路所	车站	
京沪高铁	上海虹桥高速场	车站	
宁杭高铁	南京南宁杭场	车站	
宁杭高铁	南京南线路所	车站	
宁杭高铁	杭州东线路所	车站	
宁杭高铁	杭州东宁杭甬场	车站	
沪昆高铁	七宝线路所	车站	
沪昆高铁	杭州东沪杭长场	车站	
合福高速	合肥南合福场	车站	
沪蓉	合肥南沪蓉场	车站	
仙宁	紫金山东	车站	
宁安客专	南京南宁安场	车站	
宁启	泰州	车站调车	
杭深	台州南杭深场	车站调车	
杭深	温州南	车站调车	
杭深	苍南	车站调车	
宁启	浦口北	车站调车	
宁启	殷庄	车站调车	

续上表

线名	车站	基本操作方式	站场设置
宁启	六合	车站调车	
宁启	仪征	车站调车	
宁启	扬州	车站调车	
宁启	扬州北	车站调车	
宁启	江都	车站调车	
宁启	泰州西	车站调车	
宁启	姜堰	车站调车	
宁启	南莫	车站调车	
宁启	如皋	车站调车	
宁启	白蒲	车站调车	
青盐	海州	车站调车	
宁启	赵甸	车站调车	
徐盐客专	淮安东	车站调车	
徐盐客专	盐城徐盐场	车站调车	

注:1.适用于《行细》范围的其他车站均采用分散自律控制模式下中心操作方式。

2.遇新增或有变化时,由集团公司运输部公布。

附表 3

确认列车添乘表

确认区段：　　　　　　　　　　　　　　　　　　　　　　年　　月　　日

序号	添乘单位或部门	姓名	职务	添乘时间及车次	确认内容	手机号

注：动车组乘务人员一并在本表格中签到。

附表 4

高速铁路确认情况记录表

确认区段：　　　　　　　　　　　　　　　　　　　　　　年　　月　　日

单位	时间	确认情况	确认人员签名
备注：			

注：设备管理单位确认能够满足开行后续动车组列车时，在“确认情况”栏内填记“一切正常”，有异状时，填写具体情况。

附表 5

调车关键程序控制表

<table>
<tr><td>时间</td><td colspan="5">月　日　时　分至　时　分</td><td>车次</td><td></td><td>调车作业小结与重点点评</td></tr>
<tr><td>调车人员报到</td><td>及时到岗</td><td>调车计划审核</td><td>传达计划</td><td>交待关键</td><td>分工明确</td><td>安全预想</td><td>作业前准备</td><td rowspan="3">1. 调车计划编制及执行情况
2. 调车作业标准执行情况
3. 人身安全作业标准执行情况
4. 其他有关事项</td></tr>
<tr><td colspan="8"></td></tr>
<tr><td colspan="5">调车作业计划</td><td colspan="3">关键作业程序控制</td></tr>
<tr><td>顺序</td><td>股道</td><td>作业方式</td><td>辆数</td><td>记事</td><td>问路情况</td><td>车辆防溜设置情况</td><td>车辆防溜撤除情况</td><td rowspan="11"></td></tr>
<tr><td>1</td><td></td><td></td><td></td><td></td><td></td><td></td><td></td></tr>
<tr><td>2</td><td></td><td></td><td></td><td></td><td></td><td></td><td></td></tr>
<tr><td>3</td><td></td><td></td><td></td><td></td><td></td><td></td><td></td></tr>
<tr><td>4</td><td></td><td></td><td></td><td></td><td></td><td></td><td></td></tr>
<tr><td>5</td><td></td><td></td><td></td><td></td><td></td><td></td><td></td></tr>
<tr><td>6</td><td></td><td></td><td></td><td></td><td></td><td></td><td></td></tr>
<tr><td>7</td><td></td><td></td><td></td><td></td><td></td><td></td><td></td></tr>
<tr><td>8</td><td></td><td></td><td></td><td></td><td></td><td></td><td></td></tr>
<tr><td>9</td><td></td><td></td><td></td><td></td><td></td><td></td><td></td></tr>
<tr><td>10</td><td></td><td></td><td></td><td></td><td></td><td></td><td></td></tr>
</table>

注：1.正确执行时打"√"，执行不达标标明原因；2.车辆防溜情况按实际情况填记；3.调车作业通知单附在背面备查。

修改文件登记表

年	月	日	文件号	内　容　摘　要

修改文件登记表

年	月	日	文件号	内　容　摘　要

修改文件登记表

年	月	日	文件号	内　容　摘　要

修改文件登记表

年	月	日	文件号	内　容　摘　要

修改文件登记表

年	月	日	文件号	内　容　摘　要